昭和の女優　官能・エロ映画の時代

大高宏雄

人喰海女

女真珠王の復讐

A-2

© 国際放映

© 国際放映

女体桟橋

女体渦巻島

肉体女優殺し　五人の犯罪者

夜の緋牡丹

にっぽん昆虫記

赤い殺意

昭和の女優　官能・エロ映画の時代

まえがき

映画を観続けてきた。五十年近くになる。映画を職業にして、三十五年が過ぎた。多くの映画が、私を通り過ぎた。居座ってしまって、過ぎていかない映画も数多い。その膨大な映画群のなかで、女優たちの姿が一際、わが脳裏と肉体の一部にへばりついている。

女優、ここでは日本の映画女優であるが、彼女たちの容姿、表情、肉体が、ときおり、全く予想もしない形で浮き上がってくるのだ。何とも幸福な瞬間である。映画と女優は、不可分だと思う。女優だけが映画の魅力ではないが、両者は見えない糸でつながっている。女優をたどっていくと、映画の魅力に行き着き、映画の奥を探っていくと、女優の艶やかな貌が見えてくる。どちらが、先ということはない。ただ、不可分なのだ。

そこから、女優の魅力は官能であると、言い切ることができる。脱ぐとか、脱がないとかではない（脱ぐのに越したことはないが）。男女の愛欲の劇などから生まれる女優の官能描写は、映画には欠かせない要素だと言っていい。官能がなければ、映画は随分と寂しいものになる。本著は、昭和を代表する女優たちの官能的な演技、その艶やかな肢体に焦点を当てた。そこを起点にしながら、映画のいまだ手がついていない新しい魅力を引き出すことにも挑戦してみた。

一九四九年から一九七二年までに公開された四十五本の作品を取り上げた。すべて、書き下した。中身の体裁としては、当然多くの女優たちの官能描写を中心にしたが、そこから離れていく記述も多々ある。それは、映画の大切な部分をお伝えする必要もあるということで、ご理解願いたい。

有名な作品もあれば、そうではない作品もある。すべてが、質的に高いというわけではない。だが、そのような評価軸に関係なく、どの作品も私にとって、愛すべき作品ばかりとなった。官能は、愛すべきものだというのが、記述を続けていく過程で会得した思いでもあった。本著で取り上げた作品に登場するすべての女優に、いつくしみの感情がわいてくるのだ。官能を突き詰めていくと、そんな境地にたたずむことができる。

官能、エロ、エロス、性的、色気、セクシーなど、官能的な描写をめぐっては、本著でいろいろな言い方をしたが、それぞれの言葉の意味の違いを、十分に吟味して使ったわけではない。厳密に言えば、当然各々の言葉の〝ニュアンス〟は違ってくるわけだが、そこは一つの総称的な意味として、受け取ってもらえたらありがたい。ただ、煽情性が顕著な意味をもつ「エロ」という言い方は、ある程度意識した。だから、タイトルにも冠した。

四十五本には、一つのくくりを設けた。大手の映画会社が製作、配給した作品（成人映画も含めて）を中心に選んだということである。大手の日活ロマンポルノや東映のポルノ的な作品、さらに独立系であるピンク映画などは外した（一作品に例外あり）。この分野は、ポルノ的な枠組みが厳としてあり、別のとらえ方をする必要があると思ったからである。ＡＴＧ（アートシアター）作品も除いた。

官能描写は、映画にとってどのような意味があるのか。また、官能描写には、どのようなバリエーションがあるのか。本著では、映画における官能描写の多様な意味を、明確にすることを主眼においた。こうした書物を著す場合、興味本位ではないという言い方をする人がいるが、私はそうは思わない。興味本位が、何が悪いという立ち位置である。興味本位が、映画の全く特異な質の発見につながり、それが映画を観る醍醐味となるケースを、私は何度も経験したからである。

もう一つが、これまで当たり前とされてきた映画評価の曖昧さを指摘することである。その上に立って、映画史上の評価からは、ほとんど無視されてきた何本もの作品を取り上げた。それらの作品は、これまでの〝公式的〟かつ一面的な映画評価の前に、いわば、埋もれていた。官能描写の数々は、映画の評価を変えるのではないか。そんな思いを込めて、四十五作品と相まみえた。

もちろん、四十五本では、本当にたかが知れている。いちいち名前は記さないが、入ってしかるべき監督の作品が入っていないのは事実である。多くの女優たちの作品も同じだ。だから、本著は、官能映画の序章をこじ開けようとした一つの試作と言っていいかもしれない。この分野の奥は、とてつもなく深いのだ。

記述にあたっては、映画のセリフなどを引用する際、製作、公開時のままにした。現在では、不適切な言葉もあるが、オリジナルのニュアンスを生かすことに重きをおいたので、ご了承していただきたい。

「昭和の女優　官能・エロ映画の時代」。その時代の官能の息吹を、今一度、あるいは新たに、味わってみてはどうだろうか。同時代やそれに近い日々に観た人も、全く初めて知る人たちも、映画の渦にまみれてみると、全く未知の映画体験が可能となり、新たな自分が見えてくるかもしれない。

第一章　君は新東宝を観たか
痴人の愛（一九四九年、大映）……18
夜の緋牡丹（一九五〇年、新東宝）……21
牝犬（一九五一年、大映）……26
赤線地帯（一九五六年、大映）……30
女真珠王の復讐（五六年、新東宝）……36
逆光線（一九五六年、日活）……39
女競輪王（一九五六年、新東宝）……43
異母兄弟（一九五七年、独立系）……46
海女の戦慄（一九五七年、新東宝）……50
肉体女優殺し　五人の犯罪者（一九五七年、新東宝）……53
女体桟橋（一九五八年、新東宝）……56
人喰海女（一九五八年、新東宝）……59
氾濫（一九五九年、大映）……63
女体渦巻島（一九六〇年、新東宝）……68
乾いた湖（一九六〇年、松竹）……73
少女妻　恐るべき十六才（一九六〇年、新東宝）……78
第二章　一九六四年——邦画性革命の時代
秋津温泉（一九六二年、松竹）……82
瘋癲老人日記（一九六二年、大映）……87

にっぽん昆虫記（一九六三年、日活）……91
「女の小箱」より 夫が見た（一九六四年、大映）……96
月曜日のユカ（一九六四年、日活）……101
獣の戯れ（一九六四年、大映）……105
赤い殺意（一九六四年、日活）……110
悪女（一九六四年、東映）……115
卍（まんじ）（一九六四年、大映）……119
女体（一九六四年、東宝）……123
甘い汗（一九六四年、東宝）……128
美しさと哀しみと（一九六五年、松竹）……132
黒い雪（一九六五年、日活）……137
結婚相談（一九六五年、日活）……142
第三章 今村、大島経て、増村爆発
処女が見た（一九六六年、大映）……148
「エロ事師たち」より 人類学入門（一九六六年、日活）……153
白昼の通り魔（一九六六年、松竹）……159
赤い天使（一九六六年、大映）……164
日本春歌考（一九六七年、松竹）……169
非行少年 陽の出の叫び（一九六七年、日活）……174
ひき裂かれた盛装 「夜間飛行」より（一九六七年、大映）……179

痴人の愛（一九六七年、大映）……184
セックス・チェック　第二の性（一九六八年、大映）……188
でんきくらげ（一九七〇年、大映）……193
やくざ絶唱（一九七〇年、大映）……198
高校生ブルース（一九七〇年、大映）……203
しびれくらげ（一九七〇年、大映）……207
遊び（一九七一年、大映）……212
徳川セックス禁止令　色情大名（一九七二年、東映）……217
あとがきに代えて——三原葉子、新東宝への追慕——……221

第一章◎君は新東宝を観たか

痴人の愛

一九四九年、大映

谷崎潤一郎原作の戦後初の映画化作品である。戦後四年の時点で本作が登場した意味は、推測ながら非常に大きかったと思われる。戦後の荒廃が続き、人々の生活も、まだままならない時代に、性的な要素が強い本作が送り出されたのは、映画の一つの本質を表して興味深い。

映画は性を描いて、主に男性たちの関心を呼んできた側面をもつ。ただ、戦後すぐの多くのモノが失われた時代に、性的な要素の強い作品が送り出されるのは、意外に見る向きもあろう。だが、そのような時代相だからこそ、より一層性への渇望は強かったと言ったほうがいい。大映にとっても、戦後四年の時点で本作を製作・公開したのは、官能・性愛映画に製作の軸足を定める傾向が強くなるその後の同社の歩みを見ると、決定的であった気がしてならない。

京マチ子が大映に入社した一九四九年に製作された。彼女の当時の実年齢は二十代半ばである。冒頭、いきなりナオミ役の京が、フリルのようなものがついたブラジャー、パンティー姿で現れる。目が大きくて堂々たる胸、筋肉質の長い足という日本人離れしたこの素晴らしい肉体美を、当時の観客はどう観たのだろうか。戦後四年の時点で見られる京のはちきれそうな肉体は、カルチャーショックならぬ、京マチ子ショックではなかったか。

今の女優に全くひけをとらない肉体美、というより、驚くべきことに、京のほうが今の若い女優より〝栄養度〟が満ちているかのようなボリューム感を出しているのだ。スクリーンを裸体に近い姿で闊歩している多くのセクシーな描写の数々に、日本映画界で京がその後担っていくことになった気がしてならない。

『痴人の愛』1949年製作 ©KADOKAWA1949

監督・木村恵吾、脚本・八田尚之、木村恵吾、撮影・竹村康和、音楽・飯田三郎、出演・宇野重吉、京マチ子、森雅之、三井弘次

る官能女優としての出発点が、まざまざと刻まれていると言うべきだろう。

こんな描写がドキリとする。スクーターを買ってと、譲治役の宇野重吉にねだるシーンで、宇野に見せる目つきがゾッとするほど妖艶なのだ。スクーターの要求と、性的な誘いが混ざり合った目つきで、これは彼女独特のものだろう。たちどころに京にしゃぶりつく宇野が、唯々諾々とスクーターを買ってやるのは自然な成り行きである。実直な宇野ならずとも、京の挑発には耐えきれるわけがない。

宇野の部屋で、蚊帳のなかに足だけ入れ、上半身を蚊帳の外に出しているシーンも、なかなかゾクゾクさせられる。蚊帳のなかには宇野がいるのだが、足は宇野のほうに向けられており、さも挑発しているかのような妖しい動きを見せる。宇野は、何気ないようにやり過ごすが、観客にはたまらない。水着姿も、途中で披露してくれる。はちきれんばかりのビキニ姿で、見事なクロールで泳ぐシーン(吹替えの可能性あり)に、周りの男たちが呆れ返っている。

宇野は、自身のみならず、観客からしても全く意外な配役だったろう。だが宇野は、その優しげで、いささか頼りない風貌のままに京に翻弄されるかと思いきや、意外なふてぶてしさを発揮する面もあって、ちょっと驚く。ただ、よく知られる〝お馬さん〟のシーンでは、京が股を宇野の背中につけて乗るだけで、動き出さないのは残念であった。

京の遊び仲間に、森雅之がいる。学生上がりという若者の役だが、黒澤明監督の『羅生門』の一年前の京との共演作ということを考えると、なかなか味わいがある。二人がどういう風に登場するかというと、椅子に座った森の両足に、京が尻から乗っかっている。宇野への馬乗りといい、森への座り方といい、股と尻を男の肉体に密着させているわけで、その〝形〟は今観ても、ドキドキするくらい官能的だ。

宇野に追い出された京には、悲惨な日々が続く。遊び仲間(一人が三井弘二だ)は、彼女を「白痴美」とさげすみ、頼りになると思った森は、宇野頼りの生活拠点を失った京を拒絶する。結局、京が宇野に泣きを入れる結末を迎えるが、これは性的な要素で引き付けて、中身は道徳的な結末で締めるという、別段珍しくもないよくある官能映画のあり方ではある。京は、演技的には宇野に泣き崩れて、改心するような素振りを見せるのだが、果たして本心はどうだったろうか。

黒澤明監督の『酔いどれ天使』では、〝悪人〟役の三船敏郎が、生命力溢れる荒々しい演技を見せ、その魅力が、作品が意図していた善悪の構図を引っくり返したという。本作にも、その逆立した〝構図〟があったのではないか。三船ほど強烈さはなかったにしても、京の圧倒的な肉体の魅力が、男のもとに帰り、まっとうな生活者になるだろうという結末を裏切っている気もするのだ。というより、京の肉体美に翻弄された私の心情が、そう思いたいだけなのかもしれない。映画とは、そのように観ることもまた、可能なのである。

夜の緋牡丹

一九五〇年、新東宝

映画史から、全く放逐された傑作である。本作を観ると、映画史上でよく謳われる名作の類とはいったい何なのかと、改めて問いたくなる。主演は、ともに東宝出身の伊豆肇と島崎雪子だ。小説家志望のインテリを伊豆、ダンス芸者という役を島崎が演じる。戦後すぐの話だ。

二人は、お客と芸者という出会い方をする。伊豆は、戦争で亡くなった友人の骨壺をもってダンス芸者のいる料亭を訪れる。二人が徐々に接近していくのと並行して、もう一つの話が進行する。こちらは小説家志望の月丘夢路が、クラブ経営者の龍崎一郎に心を奪われていく。全く別個に進んでいくこの二つの話が、最後に結びつく。

伊豆と島崎がいる部屋に向かって、ゆったりと移動するカメラが、しっとりと濡れた舗道を這うように進んでいく冒頭シーンにため息が出る。この移動と似たようなカメラの動きは、二人の逢瀬のなかで、あと二回ほど登場し、カメラが写す路面の変化から、二人が過ごす時間の経過がくっきりとわかる仕掛けだ。

伊豆の前で、島崎が『銀座カンカン娘』の曲に合わせ、いきなり踊りを披露する。彼女は、水着のような不思議な衣装のブラジャーとパンティー姿で、体をくねくねさせながら踊りを見せ、こうした踊りを初めて見た伊豆をいたく驚かせる。ここは、島崎雪子という女優が、全く得難い資質の持ち主であることを宣言するかのような素晴らしいシーンになっている。

戦後の〝アプレ女〟というよく見かける言いようでは身も蓋もないが、そのような皮相な語をはみ出していくほど、島崎は自由闊達に踊り、曲にふさわしい精悍な肉体をさらす。この踊りこそ、本作をとんでもなく官能的な作品に仕立て上げていく前哨戦のような役割を果たす。すべては、この踊りから始まると言っても過言ではない。

二人が一緒に暮らすようになるきっかけが、刺青である。島崎が刺青を入れたいと言うのに、それがいかに情けないことか、伊豆はこんこんとさとす。殴りさえする伊豆に、島崎は心を許すのだ。自分を、「ここまで叱ってくれた人はいない」。サーカス小屋にいた母をもつ島崎は、芸者の前はサーカスで働いていたのだ。その母も、今はいない。

同棲を始める二人だが、伊豆は島崎がだんだん厄介になっていく。小説が書けなくなり、堕落したと自分を責める。だが、島崎は伊豆をがんじがらめにする。ここで、本作の全く意表をついたシーンが登場する。

島崎が酔った姿で部屋に帰ったとき、彼女がいると堕落して、仕事がはかどらないと嘆く伊豆が懇願するのだ。「頼むから別れてくれ」「嫌いだ、大嫌いだ」と伊豆が言うや、彼女は「あんなに好きじゃないの」「あははー」と高笑いさえするのである。「あんなに好きじゃないの」は、まさにセックスのことを指す。

その意味をよくわかっていないように見える伊豆だったが、彼の「好き」な性癖を熟知している島崎は、ここに引き止めるために、大胆極まる行動に出る。いきなり、貧弱なソケットの灯りを消し、着物を脱ぐ。暗くなったなか、何と天井あたりから吊した紐に両足を引っ掛け、上体をひっくり返して宙吊り状態(当然、顔が下に向く)になり、伊豆を挑発するのである。次いで灯りをつけ、「あたしを捨てたら、こんな曲芸見れないわよ」。サーカスで会得したとおぼしい挑発ぶりである。伊豆はもう、いても立ってもいられない。思わず、宙吊りの島崎にキスをしてしまう。そのあとは描かれないが、想像どおりであろう。

このシーンがとても重要なのは、本作の大きなテーマの一つが、ずばりセックスであることが示されるからに他ならない。冒頭で、ダンス芸者として、裸を売りものにしていることを存分に見せた島崎は、当然ながら性に熟知した女性であり、同棲まで進んだ伊豆は、彼女のテクニックにのめり込んでしまった。だから、堕落したと認識し、小説を書けなくなる。

伊豆は、性の深淵を怖がるのだ。だから「頼むから別れてくれ」となるのだが、その決意がグラグラと揺らいでいくのが、さきのシーンで、宙吊りの島崎を見たら、伊豆ならずともグラつく。芸者、サーカスという女体のキーワードが、冒頭とこのシーンで、まさにセックスを連想させる過激な描写になって迫ってくるのだ。ただ伊豆は、この恍惚ならぬ修羅場を何とか吹っ切ろうと、そのあと田舎に帰ってしまう。

伊豆の叔父である坊さんの高堂國典が、伊豆が逃げ帰った故郷から、いきなり島崎の家にやって来る。伊豆を諦めさせるためだ。相変わらず圧倒的な存在感を見せる高堂は、島崎の刺青を見て、「可愛い奴」と微笑む。結局この段階では、彼女は伊豆があれだけ嫌った刺青(彼の名前を冠した)を彫ってしまっているのであり、それを「可愛い奴」と言い放つ高堂は、さすが坊主で人生の機微を知りつくしているとみえる。このあたりで、性の深淵を知っているかに

『夜の緋牡丹』 © 国際放映

監督・千葉泰樹、脚本・八田尚之、撮影・鈴木博、音楽・早坂文雄、出演・伊豆肇、島崎雪子、月丘夢路、龍崎一郎

も思える高堂を虜にした島崎の勢いは増すばかりで、いつの間にかあとを追って伊豆の田舎に行ってしまうのである。

島崎がやって来て驚く伊豆だが、もはやどうしようもない。ニヤニヤするばかりの高堂を尻目に、彼女はここで、とんでもない姿態を垣間見せる。まるで女ターザンでもあるかのように、川辺を取り囲むジャングルのような場所で蔦を操りながら、遊び呆けるのだ。蔦のブランコに悠々と乗る島崎には解放感がみなぎる。伊豆はブランコには乗らないものの、同じようにはしゃいでいる。高堂は、「ここは、極楽じゃからな」と言う。この極楽とは、いったい何を指しているのか。

もちろん、桃源郷的な意味があると思うが、それは二人の関係を濃密にさせてきたどろどろした性生活とは、いささか対比的に描かれているかもしれない。「ここは、極楽じゃからな」の意味は、性のしがらみを解放させつつ、その快楽を排除するのではなく、取り込みながら生活臭もにじませる性と聖俗の桃源郷と言ってよさそうだ。

その間、書きそびれていたが、月丘と龍崎の話も進展している。細かいところまで触れる余裕はないが、二人の関係が深まったなかで登場する驚くべきシーンだけは、書いておかないといけない。龍崎は、左手の小指がなかった。このために、月丘と一緒になれないと話すのだが、それまでの話の進行過程では、小指のことは素振りにも出さないので、それが明らかになる場面は、ちょっとしたサスペンス的な動揺を観る者に強いる。

龍崎の小指のない左手が上下に動くときがまた、異様な描写になっている。本当に小指のない別の人を、龍崎の体とうまく重ね合わせているようで、画面上では龍崎の小指がないように描かれる。決してここは、〝特撮〟ではない。こんなシーンは、映画史上極めて稀ではないだろうか。

サーカスの曲芸的な所作が及ぼす性への誘いというテーマをもつ本作からすれば、このシーンは性そのものというより、肉体の刺激性をあからさまにする視点をもつ。となれば、それをじっくり見る月丘は、龍崎の指の欠損に、言い知れぬ性的な関心をもったとも言えよう。映画はその点までを描くことはないが、どうやら本作を貫く話の糸には、普通のセックスを超えたなかで燃え上がる男女の関係が、色濃く反映されているように感じられて仕方がない。

結末は驚くべきものである。めぐりめぐって、伊豆と龍崎の対決になるのだが、なぜ、そうなるのかは、いちいち説明はしない。ただ一言、二組の男女がたどってきた愛と官能の物語は、死を前にしてこそ、一層激烈な形を示すことになったと言い添えておこう。死が迫った瞬間、伊豆の脳裏に浮かんだ光景こそが、さきの桃源郷で遊ぶ島崎の姿であり、天井付近からぶら下がる島崎の姿であった。これは、本作のもっとも素晴らしい瞬間である。その瞬間は、官能に震えた伊豆が島崎に抱いた愛おしい残像以外ではない。

とにかく、本作の島崎雪子は、映画女優史に残る名演技を見せつけたと言っていいだろう。可憐な風貌と、キュートな肉体の持ち主にして、尋常ではない一途さを示す刺青に男の名前を入れる女の恐ろしさももつ。だから、高堂が言ったように可愛い女なのだ。島崎は、女の〝顔〟の多面性のなかにある官能の意味と深さを愛する男に伝授していく。自身の気持に全く濁りのない男の愛し方に、島崎の全く独特の官能美がにじみ出ていて、胸を打つのである。

余談を言えば、実生活の島崎は、助監督時代の神代辰巳と結婚している。これは誰も指摘していないが、映画史的に見て、極めて重要な事実ではないのか。くねくねした女優の演技に、卓越した演出手腕をもつ神代のロマンポルノの作品群は、その根っこに『夜の緋牡丹』がある気がしてならないからだ。おそらく、神代は本作を観て、島崎に惚れ込んだのではないか。全くの当て推量にして、そう思わせるだけの島崎の官能美が、本作には刻まれているのである。

牝犬

一九五一年、大映

志村喬が、老いらくの恋で、肉体美を誇る踊り子の京マチ子に惚れてしまう話である。死期が迫った志村が、小田切みきに横恋慕する黒澤明監督の『生きる』の公開が一九五二年。志村ほど、老いらくの恋が、切実に似合う男優も珍しい。京がまた、全盛期の美しさと肉体美を披露しているから、老いらくにリアリティが存分にあり、志村でなくても、人生を棒に振るだけの価値があるというわけである。

健康良好、会社勤務も順調な志村が、部下の不祥事にかかわりのある踊り子の京マチ子のもとを訪れる。ここで、三百万円の大金が入ったカバンを置き忘れて大慌てとなり、京と兄の加東大介の企みから、志村の流転人生が始まる。何年か後、志村は京と一緒に港町でキャバレーを経営する羽目になる。

志村がストリップ小屋を訪れる場面に、本作のすべてが集約されている。志村が、おずおずと踊り子たちの部屋に入るところの手前に、京がすでにいるのだ。舞台のそでの階段付近で、脚(足ではなく、脚だ)を組んでいるのである。カメラは露な彼女の両脚しか写さない。実にセクシーな脚である。

志村は、京の脚で後ろからつつかれる。彼女の顔が写るのは、食べていたラーメンの器を置くところだ。踊り子の女たちが騒々しく立ち回るこの場面は、黒澤監督の『野良犬』を想起する。そこでは、淡路恵子が踊り子として働いていた。戦後すぐの邦画で踊り子の描写が多いのは、ドラマ的な要請とともに、商業的な意味からも、セクシーな描写が求められたからだろう。

それはともかく、京の脚が長く、がっしりと筋肉質で惚れ惚れする。それを、ぶらぶらさせているのだから、迫力満点である。全く、『痴人の愛』と同じく、京の登場場面は裸もどきが多い。実年齢はまだ二十代ではあるが、豊満な肉体とともに、すでにして堂々たる貫禄をもっている点も、日本人離れがしている。

一緒に暮らし始めた二人は、いさかい合いながらも、何とかキャバレーを経営している。「また、三十年ぶりの暑さだ」というセリフがある夏のある日のキャバレーの控え部屋。列車が近くを走り、その煙が、女給たちが昼寝している部屋に入り込んでくる。女たちはみな、暑さにぐったりしている。汗を流し、半裸の何人もの女体が、重なり合って寝そべっているさまは、サービスカットであろうが、なかなかにドキドキさせられる。

『牝犬』 1951年製作 ©KADOKAWA1951

監督・木村惠吾、脚本・成澤昌茂、撮影・山崎安一郎、音楽・飯田三郎、出演・京マチ子、志村喬、根上淳、久我美子

続いて、スリップを半分脱ぎ、ブラジャーの胸から汗を垂らしている京を、志村が拭くシーンがとらえられる。彼は淡々と拭いていくのだが、その行為が真面目というか、何とも実直を絵に描いたような、いかにも志村らしい趣があり、ちょっと微笑ましい。彼の老いらくは、切迫感があるのに、それほど嫌らしい感じはない。

さきの脚の描写のように、京の胸

の膨らみもまた、まるで男など関係ないと言いたげに、その圧倒的な存在感を誇示している印象がある。その少し醒めた感じと、志村の実直さの対比が、実は本作のテーマとも言える。京の肉体を介し、悲しいまでに二人の距離は遠いのである。

キャバレーに、若いトロンボーン奏者の根上淳がやって来ると、京の態度が一変する。姉御肌のこの手の女によくありがちな年下の優男を可愛がる風情が京に濃厚であり、根上を追い掛け回すようになる。ただ、海水浴に出かけ、二人だけになっても、根上は色っぽい京には、断固として手を出さない。

京が、なぜ根上に近寄るのかといえば、性的な面から近づいてこない彼の潔癖性が大きい。踊り子で体を売り、兄の加東にそそのかされて志村を騙した京は、実は根が純情であり、どこかで別のまっとうな生き方をしたくて、たまらなくなっているのだ。その希望が根上だった。

ここで、製作側の道徳性を強く感じることになる。裸や性を売り物にし、詐欺まがいのことをして生きてきた女が、〝正しい〟人生に目覚める話への移行である。だから、根上の登場と、京の彼への傾斜は、映画が官能描写からしだいに遠ざかっていくことを意味する。

性的な要素で引きつけて、最後はそこから引き離す話の展開にもっていく。これは、『痴人の愛』の項でも指摘したように、製作側の嫌らしいやり方である。そこに、結局落ち着く創作手法があるので、大映の初期の官能映画は、中途半端さが、どうにも否めないのだ。

だが、ここでまたしても、京というより、彼女に狂った志村の恐るべき形相が、道徳的な意図をひっくり返すかのように、女の肉体に耽溺した官能の底知れなさを示してくれる。京への執着と憎さを溜め込み、狂気的な表情で思いつめた志村が、洋装店のウィンドウ越しに映えるマネキンの脚をとらえる。これが、まるで出会いのときの京の脚のようであり、マネキンの脚は何と動き出すのだった。

京の脚と錯覚した志村は、ウィンドウに向けて、石を投げる。京の脚は、官能の底に沈殿していたかのように、志村をがんじがらめにしていたのだ。この場面は、京の肉体にのめりこんで、人生を棒に振った志村を断罪する意味が大きいのだが、実はその執着の強さこそが、官能の底知れなさを逆に象徴して、ドキリとさせられるのである。
京は、志村に刺される。これも断罪である。映画は、根上と、志村の娘でストリッパーにまで身をやつした久我美子が、一緒になることを予感させて終わる。これが、道徳的な結末というわけだが、志村と京が繰り広げた欲にまみれた壮絶な人生模様のほうにこそ、官能的な局地にまつわる人間存在の映画的な真実が刷り込まれていると言うべきだろう。

牝犬

赤線地帯

一九五六年、大映

溝口健二監督の遺作として、あまりに有名な作品だが、京マチ子と若尾文子の二枚看板はもちろんのこと、当時ベテランの二女優、木暮実千代と三益愛子に加え、新人クラスの川上康子の三人の〝官能演技〟を観るだけで、茫然としてしまうほど映画の完成度は高い。三人には、あからさまな官能演技が与えられているわけではない。いわば、官能の匂いである。これが、画面の三人の隅々からにじみ出ているところに、本作の言い尽くせない魅力がある。

『赤線地帯』というタイトルに象徴される男たちの淫靡で生々しい性欲の矛先が、三人の女たちのなまめかしい振る舞いを浮き彫りにしているかのような趣があると言ったらいいか。男の淫らな視線を受ける女の性的な姿態の数々。肉体の欲望が、相互に官能の嵐を呼び起こす男女の劇こそ、

本作の真骨頂である。

布団屋の太宰久雄が、吉原の妓楼に集金にやってくるシーンが、冒頭近くにある。経営者の進藤英太郎は、「(太宰は)いつまでも色男だから」と言い、太宰は軽く受け応えをするが、腹のなかは性欲の塊になっている。そこに店の娼婦の若尾文子が現れるのを見るや、太宰はあとでいいと言っていた支払いを、そそくさと女将の沢村貞子に催促するのだ。若尾にあげる金がほしかったのである。この一連の場面は、性をめぐる男と女の対決の話でもある本作のいわば呼び水になっていると いう意味で、素晴らしい導入部分なのである。

若尾はラストで、この布団屋(ニコニコ堂と言う)の女主人になる。太宰から若尾へとつながる店の所有者の変化が、本作を貫く性と金(経営)の話の糸になっているわけだ。借金で娼婦に落ちた若尾

は、金の亡者になることで、社会への反逆と自立への道を究める道を、ただひたすらに自身のよすがとしている。

神戸育ちの京マチ子が、胸を強調した派手な洋装姿で登場する。上半身は胸開きのセーター、下半身はスパッツである。全く、惚れ惚れするような肉体美を誇る。「八頭身や」と自慢げに言う京の存在感は、全く申し分ない。派手やかな外見と、威勢のいい言動遣いが魅力で、見栄えとボリューム感たっぷりの官能性なら、他の誰にも負けない。だが溝口は、この卓抜な肉体の持ち主に、古風な一面を添えることを忘れはしない。これが、人生と女の達人たる溝口のドラマ作りである。

確かに、本作のもっとも煽情的シーンは京が担う。それは、京が風呂に入るシーンで、相変わらず、嫌らしい関西弁が絶品の客の田中春男が漬かっている。ここの脱衣場で、お尻がたっぷりとした京の全裸の後ろ姿が見えるのだ。当人ではない可能性もあるが(つまり、吹替えだ)、大きな厚い肉の尻は、京のようでもある。

だが、性にこだわりがなく、無鉄砲のように見えた京だったが、のちのち、実父の登場で意外にもろい一面を見せる。資産家の父の女道楽が許せず、家出していたのだ。ここに至って、京の実像が明らかになり、奔放かつ官能的な肉体の魅力をまきちらしてきた彼女は、普通の女のような生活臭が、逆に露になっていくのである。

若尾、京の二人の看板女優の見せ場を作りつつも、巨匠がとくに力を入れていたのは、実は木暮と三益のほうだと感じた。木暮と結核病みの夫が、ふらっと入るラーメン屋の描写に目を見張る。カメラが、自転車が無造作に置かれた寒々しい店のなかを写すや、左から女がさっと現れ、注文を聞く。さらに別の部屋からは、すすけたような亭主が、前掛けをしつつ現れ、その何ともわびしい店の雰囲気が、木暮と夫が置かれている生活の苦境ぶりに見事に重なるのだ。赤子を抱いた木暮は、スカートからのぞいた下肢=下腿を、無造作に見せる。

ここは、ゾッとするほど官能的なシーンなのだ。決してきれいとは言えない、ちょっとざらざらした感じさえある白い下肢が、とても色っぽく見えてくるのは、自身と店のわびしさが、そこに二重写しになるからだろう。あからさまな木暮の下肢は、惨めな生活のなかでも官能的であることで、とても悲しいのである。

自分のラーメンを夫に分け与えると、夫は「うまいねえ、ここのソバ。うまいよ」と思わず言い放つ。木暮の官能的な肉体など、お構いなしに急に飛び出た、これも悲しい言葉だ。美術担当の水谷浩の手になる店の貧相極まりない空間が、木暮の色気と、夫婦が置かれている悲しさ両面を浮き彫りにするがごときである。

木暮が、妓楼で見せる着物姿のやつれた感じが、妙になまめかしいことにも触れておきたい。官能的な要素を感じさせる描写では全くない。にもかかわらず、ゾクゾクするような色気が、木暮の言葉や動作の節々から立ち込める。襦袢姿に黒ぶちメガネをかけ、だらしない素振りのなまめかしさと言ったらない。かけている黒ぶちメガネは、今で言うコスプレのようでもあり、巨匠はコスプレの意味を知ってか知らずか、黒ぶちメガネの木暮にえも言えぬエロさを加味してしまったと言えようか。

クロウトの女が身につけている色気が、やつれのなかに染み入り、それが色香に通じてくる。しかも、この官能は悲しいのだ。こんな芸当ができる映画監督は、世界を見ても、まずはいないのではないか。貧困のなかで、クロウト女が、職業的に身につけてしまった官能の性(さが、と読む)を描いて、ちょっと想像もつかないような凄まじいリアリズムに結実しているからである。

三益が、息子に会うべく田舎に帰るとき、バスから降りて、うどん屋に寄る。店の女は、子どもをしょって、こたつに入っている。狭い場所に、椅子が申し訳程度にあるだけの、ここもまた、わびしい造りの店だ。このうどん屋も、さきのラーメン屋と同じく、店構いの貧しさが、息子に嫌われている三益の悲しい境遇を浮き彫りにする。店の貧弱さにちょっと優越感をもったかのような着

『赤線地帯』 1956年製作 © KADOKAWA1956

監督・溝口健二、脚本・成澤昌茂、撮影・宮川一夫、音楽・黛敏郎、出演・若尾文子、京マチ子、三益愛子、木暮実千代

物姿の三益は、「鏡台、借りるわよ」と、店の女が座っていた畳敷きのほうに移る。ここで鏡を見て、何やら施したあと、着ていた派手な羽織を脱ぎ、別の地味な羽織を身につける。そのとき、店の女から強烈な一言が飛び出る。

「紅や白粉落としたところで、クロウト衆は、どこか粋だよ」。この一言で、途端に機嫌を損ねた三益は、何か悪い予兆を感じたかのように、嫌な顔をしてそっぽを向くのだ。木暮と違って、色気の度合いはかなりの部分、化粧が担っているとはいえ、田舎の一角に立てば、三益の「クロウト」の存在感は抜きん出ている。それは、貧しい空間のなかでこそ光り輝く逆立した構図をもつ。赤線地帯という官能的な世界とは、まるで無縁な貧しげなラーメン屋や田舎のうどん屋で、クロウト女たちの隠しきれない色気が飛び出てくるのが、本作の全くもって、想像を絶するような映画芸術の産物なのである。

木暮で付け加えておけば、亭主の首つりまがいの行動に、怒り心頭の木暮の言葉の激しさにも心底驚かされる。みじめな境遇に「これからどうなるか、見届けてやるのだ」と、自分に言い聞かせるかのように、力強く生きていくことを宣言するのだ。木暮が本作で見せたクロウト女の色気と生命力は、黒澤明監督の『酔いどれ天使』で彼女が演じた〝戦後アプレ的〟な女とはまるで違う。娼婦にまで落ち、自殺を企てた夫ばかりか、自分をも奮い立たせた木暮の凄まじい生命力と重なり合うように、染み付いた色気が地獄の底から浮き上がってくるところにこそ、本作の瞠目すべき映画世界があると言うべきだろう。

ラスト近く、三益に声をかける一人の客の優しさには涙が出る。巨匠が初めて、三益に優しさを見せた瞬間だからだ。だがしかし、三益はすでに狂い始めていた。母の職業を嫌い、絶縁を決心した息子の行動が、三益の心を壊したのである。息子の激しい言葉に、「おまえ」と言って必死の形相を見せる三益の演技には、本当に鳥肌がたつ。木暮とは真逆に、官能が渦まく世界の住人が行き着く哀れな末路を、三益に凝縮させた演出の非情な目は、彼女に色香の花を散りばめたからこそ、真の悲劇たりえたと言うべきだろう。

同じくラスト近く、「こんなうまいもん、初めて食うた」と、若い手伝いの川上康子が、京が勧めた丼飯を食べながら、思わず言ってしまうシーンが出てくる。丼飯を口にかけこむ彼女に、どうしようもなく涙が出てしまう。この女は、九州の炭鉱からやって来た。ここは、赤線と貧困をめぐる本作のテーマが、あからさまに出たところだが、川上の無垢で鈍感な表情が、逆に悲しさを膨らますように描かれている。

彼女には、沢村が強引につける白粉で化粧を施され、初めて商売に上がるシーンが、ラストに用意されている。映画史上の名場面としてすでに有名だが、ここは、これまで木暮と三益で描いてきた貧困と官能の劇が、フィナーレを飾るがごとき描写になっていることに注目したい。体を売ることの不安と、お客を引く恥かしさの狭間でおどおどしながらも、川上は客を誘って見せる。

この場面に、黛敏郎のあの有名な不気味な曲がかぶさるのだ。官能と貧困を丸ごと飲み込んだかのような黛の才気あふれる曲の出来栄えは、公開当時は賛否もあったと聞くが、この場面でも素晴らしい成果を上げていたと思う。溝口の最期の作品のフィナーレは、京マチ子でも田中絹代でもなく、他の名のある女優でもなく、新人クラスでほとんど無名の川上康子が、付け焼刃の化粧で田舎娘のしょぼくれた色気を出した。官能は、これから彼女の身に、貧困を消し去ることなく、まとわりついていくのである。

赤線地帯

女真珠王の復讐

一九五六年、新東宝

主演女優が、日本映画史上初めて全裸(後ろ向きではあるが)になったと言われる作品である。初めてかどうかの真偽のほどはわからない。だが、その〝栄誉〟に浴した女優こそが前田通子である。前田は身長も高く、今でも十分に通用するグラマラスな肉体の持ち主だ。肉体のボリューム感が、圧倒的ということではない。だが、大きな胸としっかり張った腰部のバランスがとてもいい。

恋人役の宇津井健が無実の罪で投獄されたことを知らない前田は、秘書をつとめる会社の社長・藤田進と同行した客船のなかで藤田に迫られ、海へと落ちてしまう。落ちる寸前、前田は服をはがされ、逃げ惑いながら両手で胸をおおう。たわわな胸が露出しそうになる。一瞬だが、乳首が見えそうな感じもあるが、もう少しのところで見えないのだ。とはいえ、露出度は、なかなかのものである。

ここからが、本作の見せ場となる。彼女の行き着く先が、船が難破して居ついた数人の漁民しかいない南洋の島だった。ここに、裸同然の女・前田通子が流されてきたのだ。島に打ち上げられた前田は、薄手の衣装が濡れて、尻の輪郭が丸見えである。

このシーンは当時、衝撃だったろうと思う。一番若い男・天知茂にかつがれていく前田の後姿では、でっぷりとした尻が強調され、尻の割れ目がはっきりわかる。かなり、エロ全開である。話の展開上、舌舐めずりの男たちと、天知がいる冷静な男たちに分かれる。舌舐めずり派と冷静派の対決が、以降始まる。

ねぐらで、前田が一人の男に襲われるシーンがあり、彼女の胸をおおった布切れから、ほんの一瞬だがぽろりと両乳首が露出する。ここは、目をしっかり見開いて、画面を見尽くすしかない。主演女優の乳首が見える最初の映画は何か知らないが、さきの全裸シーンとともに、この乳首露出もまた映画史上特筆すべきだろう。さらに驚くのは、前田が裸になって、いけしゃあしゃあと海を泳ぐシーンが続くことだ。舌舐めずりの男たちが、いても立ってもいられないのは当然として、挑発しているのは、明らかに前田のほうなのである。

　その過程で、ついに前田は素っ裸になって岸壁に立つのだ。ここそが、伝説の後ろ姿の全裸シーンである。最初しゃがんでいて、次に立って、終わる。まことにあっけないのだが、伝説とは、あっけないものである。男に追われ、上半身裸で胸を両手で隠しながら走るシーンは、そのあっけなさを少しは裏切ってくれる。男に組み敷かれるところでは、乳首がまた見えるのだ。ここもまた、よほど目を凝らしていないと、よくわからない。前田は、胸を両手でおおって走り回る。その姿の美しさといったらこの上ない。

　前田がとても魅力的に見えるのは、多分にマゾヒズム的な資

『女真珠王の復讐』 ©国際放映

監督・志村敏夫、脚本・相良準、松木功、撮影・友成達雄、音楽・松井八郎、出演・前田通子、三ツ矢歌子、宇津井健、丹波哲郎

質の持ち主だからではないだろうか。ひたすら痛々しい顔をしながら、胸を両手で隠して逃げ回る。攻撃的な素振りは一切見せない。もちろん、嫌がっているのだが、さきの男に犯されそうなシーン含め、嫌がりつつ見せる痛々しい様子が、何とも魅力的に映る。そこで、男のサディズム願望が、前田の必死の表情と、たゆたう豊満な乳房の前で、むらむらと暴れ出す。

冷静派が勝ちどきを上げるなか、前田が海で大量の真珠を見つけるに及んで、彼女が裸で海をさまよっていた理由がわかる。彼女は、なぜか真珠のありかを察知し、海に潜って本物かどうか探っていたのだ。

以後、真珠王となり、日本に戻って恋人・宇津井健を取り戻すのは、時間の問題となろう。ちなみに、冒頭などで流れる南洋的なテイストを前面に出した松井八郎の音楽が素晴らしい。この音楽が、南洋エロに一段と磨きをかけているのである。

女真珠王の復讐

逆光線

一九五六年、日活

北原三枝は、石原まき子名で、今では故石原裕次郎の貞淑だった妻として、あるいは石原プロモーションのやり手の現会長として、その存在感を発揮している印象が強い。だが、もちろん、それだけの人ではない。一九五二年の映画デビュー以来、多くの作品に出演した日活(一九五四年に移籍)の大女優であった。『狂った果実』以降、石原裕次郎の相手役をつとめるようになるが、五〇年代半ばあたりの出演作品にも、彼女の持ち味がよく出ていたと思う。その代表作と目されるのが、『逆光線』である。

本作は、女・石原慎太郎とも称されたという岩橋邦枝の同名小説の映画化だ。岩崎本人は、二〇一四年に亡くなった。監督は、同年の五六年に『太陽の季節』が公開された古川卓巳である。

となれば、日活の狙いは一目瞭然だろう。女・太陽族映画だ。太陽族映画の代表格が石原裕次郎なら、もう一方の代表的な女優が北原であったと、本作の成り立ちや中身からうかがえる。

とにかく、この作品における奔放な北原の役柄は、『狂った果実』の石原裕次郎に負けてはいないのだ。というより、裕次郎のほうが、坊っちゃんに見えてくる。底抜けの明朗さが魅力の石原に対し、明朗さが一転して陰影をにじませてくる北原の演技には、鋭い刃が光るような瞬間さえ併せもつ。

明るさの裏にある陰りの部分が、芯の強さに直結する。それは、彼女が演じる女子大生のたくましい生き方に重なる。男たちとの関係に悩みながらも、そこに丸裸でぶつかっていくかのような趣

『逆光線』 © 日活

監督・古川卓巳、脚本・池田一朗、古川卓巳、撮影・姫田眞左久、音楽・小杉太一郎、出演・北原三枝、安井昌二、二本柳寛、渡辺美佐子

もあり、現代でも十分に通用する女性像が、本作で見られるのだった。

今観れば、映画の性的な描写に、それほど過激さがあるわけではない。だが、当時とすれば、北原が直面していく男本位にさせない男女の付き合い方や、その奔放な性への貪欲さは、なかなかに衝撃的だったのではないか。とにかく、男たちは彼女の毅然とした行動に戸惑うばかりで、結局のところ、彼女の心根と行動は、男たちの誰にも理解されることはない。周囲と妥協しないその孤高ぶりにおいて、今の女性たちのほうが、より共感できるヒロインかもしれない。

映画は、大学生の北原が、路面電車から降りて女子大に入っていくところを、カメラがワンカットで移動しながらとらえていくシーンから始まる。ここは、彼女の奔放な考え方と行動が明瞭にうかがえる映画の象徴的なシーンになっている。背の高い溌剌とした歩きっぷりが、今どきのパンツっぽいいでたちともども実に格好が良く、その颯爽とした肉体の息吹が、まさに新世代の女・太陽族映画と言わんばかりの導入部なのである。

北原は、女子大に通う傍ら、表面的な恋人の安井昌二が先生をしている塾のようなところでアルバイトをしている。並行して、金持ちの二本柳寛の家でも家庭教師のアルバイトを見つけ、安井、二本柳、さらにもう一人の若い男とも男女の関係を進めていく。友人の一人、女子大生の渡辺美佐子の男女関係も描かれ、こちらは遊んでいるように見えて、古いタイプの女に収まり、北原と対照的な描かれ方になっている。

冒頭付近にある女子寮のシーンが、なかなかにそそる。朝、女子大生たちが起きるシーンで、ブラジャーとパンティーで右往左往する女もいて、こうした描写は当時としたら、かなりセンセーショナルだったのではないだろうか。女・太陽族を期待した男性客への一種のサービスカットだろう。雑然とした雰囲気の朝方の女子寮が、性的なかすかな匂いで満たされている感じもあって、悪くないシーンである。

北原が、実直な貧乏先生の安井より、紳士でブルジョアの二本柳に傾いていくのは致し方ない。二本柳は、日本映画史上、ダンディーな中年男の役が、もっとも似合う俳優の一人である。彼は、その甘い声とオールバックの髪型、ふっくらとした体形を包み込んだ背広姿に、優しい素振りが持ち味だ。若い女性は、彼に声をかけられると、すぐにメロメロになる。その犠牲者代表が、『青春残酷物語』の桑野みゆきだった。

北原も、いかれるのだが、さすがは太陽族娘と言おうか。別荘で二人きりになって二本柳が北原の手を握り、キスをするシーンでは、こんな言葉を発し、何とも大胆な振る舞いをする。

「随分、甘ったれてらっしゃるのね」。この言葉で、ダンディー・二本柳も、たじたじになった。そのあと彼女は、ソファーにでんとそっくり返る。セックスの受け入れ態勢を作り、あくまで自分が主導権を握っていることを示すのである。

二本柳との火遊びが発覚し、彼女を慕う彼の息子を絶望させた北原は、一人保養地を去っていく。このラストシーンが、実に本作の白眉なのである。衣服から、いきなり水着に替え、何処へと歩いていくのだが、その後ろ姿が全く素晴らしく見応えがある。
　去り行く堂々たる水着の大きな尻が、北原の意志を丸々体現しているようで、これぞ女・太陽族なのであった。その巨大な尻が、それまで彼女に降りかかってきた様々な忌まわしい出来事を、全的に解き放しているかのような趣さえあって、感動するのである。

　この北原の巨尻こそ、官能性の勝利を謳うものであろう。多くの規範を打ち破り、人間存在を高揚させるものとしての官能性を、堂々と誇示しているからである。当然ながら、この場面は、冒頭シーンの溌剌さと、見事な重なり合いを見せているのは言うまでもない。北原三枝は女優として、もっと脚光を浴びてもいい。

女競輪王

一九五六年、新東宝

このタイトルには、妙にそそるものがある。競輪王の上に女がつくと、不思議とエロを感じてくるのである。しかも新東宝の作品で、主演は前田通子だ。エロを期待しても、あながち間違いではないだろう。ただ全く残念ではあるが、『女真珠王の復讐』のときのような脱ぎっぷりの良さは、本作にはない。

いわば、タイトルどおりに、まっとうな競輪ものになっているのである。言ってみれば、エロを期待するほうがおかしい。確かに、唐突に登場する風呂場のシーンに、体当たりしている前田が見られることは見られる。さらに彼女には、競輪選手に欠かせない太股の張りが存分にあり、これが結構色っぽい。だが、女スポーツ映画の先駆けとして、前田の演技に思わず拍手したくなる作品の側面のほうが強い。

一家が魚屋を営む長女の前田が、女競輪王の道を歩む。恋人との結婚を渋り出し、いきなり競輪をやりたいと言い出すのが発端だ。魚の運搬の仕事で、自転車を乗り回しているから足が丈夫なのだが、いきなり競輪と言い出すに及んでは、恋人ではなくても、少々戸惑う。結婚より仕事を選ぶ女で、目的のためには、何と恋人の父に借金をして(十五万円、当時の)、競輪学校に入ってしまうほどしたたかな面ももつ。

だが、目的のためなら手段を選ばない女によくある強気で強引な感じが、前田にはまるでない。明るく、あけっぴろげで、先輩選手のなかでトップを走る阿部寿美子(おばさんイメージしかない女優だったので、その意外な色気にびっくりする)に、

「弟子にしてください」と、いきなり頼み込んだりしてしまう。

　前田は、めきめき伸びる。人のことを思うより、自分の力を最優先に信じる。負けてなるものか。だから、強い。ライバルたちは、少々気が弱い。最初のレースの遠征先で、ある旅館に泊まる。この旅館では、いきなり風呂場のシーンとなるのがサービス精神旺盛な新東宝であり、実にうれしい。他の女性たちは風呂に入り、湯船から出ているのが前田だ。彼女は、後ろ向きになっているが、体全体は湯気のせいというより、〝要所〟を隠すために、少しぼやけている感じがする。だが、彼女の露出度が一番高い。乳房が少しだが見え、全裸である（と思う）。エロのシーンなのだが、全然エロには見えない。これは健康的肉体美に定評がある、いかにも前田らしい裸のシーンと言っていい。

　競輪シーンは、走っている前田に、スクリーンプロセスを重ね合わせてレースの感覚を出しながら、ときどき全体のレースの様子を見せるいい加減なものだ。だが、許せる。前田通子が自転車に

『女競輪王』 © 国際放映

監督・小森白、脚本・杉本彰、撮影・鈴木博、音楽・飯田信夫、出演・前田通子、沼田曜一、江川宇礼雄、阿部寿美子

乗り、レースを戦い、風呂場でちらっと乳房も見せ、クイーンになり、八百長を乗り越え、恋人ともうまくいく。そういう映画だからである。前田を観ていればいい。

同じ競輪選手で、嫌らしさ絶頂(目が不気味)の沼田曜一が、ねちねち迫ってくるのだが、そのあしらい方も見事と言う他ない。このように、本作の前田は、妙にしたたかさと強さ、さらに強引な面ももっているにもかかわらず、それらが清楚にして受身的な雰囲気のある彼女の資質と相反しないという珍しい役柄であったと思う。

沼田以上に、嫌らしさを出したのが、まるで『博士の異常な愛情』(正式なタイトルは長いので略)のピーター・セラーズのような容姿の持ち主である江川宇礼雄だろう。ヤクザまがいの悪事を企む男で、競輪の八百長を仕組んだりする。私は、もともとこの俳優のファンだが、本作の江川はとくにいい。前田を一目見て、「いい女だな」と舌舐めずり(実際にはしていないが、しているように見える)をするのが、江川その人なのだ。新東宝の男優は、海女や裸の女を前にしても、妙な潔癖症が漂う人が多いのだが、江川は違う。年は一番くっているのに、舌舐めずり(?)なのだ。だが、話の展開上、彼女に手は出さない。出していたら、前田は窮地に陥っただろう。江川は、沼田ほど甘くはないからだ。

再度言う。本作は、前田の健康エロが全開した作品だ。『女真珠王の復讐』のようなあからさまなエロはない代わりに、自転車をこぐ姿や、何気なく歩くシーンで見せるどっしりした太股の肉感ぶりが目に飛び込み、それが健康エロの魅力を発散する。女競輪選手を主人公にして、そこに健康エロをまぶせて映画を製作してしまう新東宝の企画力は、全く賞賛に値する。しかも、競輪各団体の推薦をとりつけているのだ。話の展開には、いかようにも文句は言える。だが私は、前田通子が、スポーツ映画の分野でもパイオニアであったことを、ここで高らかに宣言したく、本著で取り上げたしだいである。

異母兄弟

一九五七年、独立系

映画史上の有名な作品ではあるが、その評価は果たして、本作のすごさを、どこまで伝えていたのだろうかと、いささかの疑問がある。帝国軍人の家族を通して、戦争へと至った日本の軍国主義を批判した作品というのが、これまでの評価の大要だろうか。

もちろん、それは正しい。大正から昭和、戦争終結へと至る時代、家族のありようをがんじがらめにしていた軍国主義の精神こそが、戦争を形作る大きな礎として機能し続け、その欺瞞性、犯罪性を暴くのが、本作の着目点であったのは間違いない。

ただ、性をめぐるテーマが、全編を通じて実に見事な描写力となって結実していることこそ、本作の大いなる見どころと言うべきである。家城巳代治は、社会派監督との見方が一般的だが、いやいや、それだけではない。官能描写の細やかな演出ぶりでも、とてつもない才能をもっている。家城は、もっと評価されてしかるべき監督だ。こんな描写に驚かされる。

女中から妻になった田中絹代が、同室が許されない夫の軍人・三國連太郎の部屋に夜忍んでいく。田中は、三國による強姦がきっかけで妻になった(戦前の話だ)。忍んでいくシーンは、そのときからすでに十年が過ぎていて、田中には息子が二人いる。時を刻む部屋の時計の音が続くなか、午後十一時になったとたん、田中はすごすごと二階の三國の部屋に向かう。この時点で、田中と同じ部屋に暮している上の息子が、その様子に気がついている。

田中が、今にも階段を上がろうとしたとき、行く手をさえぎる太い紐に気がついた。上の息子は、母を三國のもとに行かせないようにしていたのだ。息子は、「(僕は)妾の子なのか」と、母につめよる。夜に忍んで行く意味を知っているのだ。田中は、「死ぬ思いで耐えてきた」と言うのだが、息子がここである言葉を吐く。「いじめられても、(母さんは父さんを)好きなんだ」。田中は、息子の足元にしがみつくが、何も言うことはできない。

　このシーンは、とても恐ろしい。田中は強姦されて子どもを孕み、結婚までいくが、妾同然の扱いを受け続けた。三國にとっては、女中と性のはけ口役としてあり続け、彼の前の妻の子ども(二人いる)からは、「利恵」と名前を呼ばれるほど馬鹿にされている。こんな虐待を受ける田中に対して放たれたのが、さきの言葉である。「いじめられても、好きなんだ」が、田中の性を哀しく突き刺す。

　この哀しい性と対極的に描かれるのが、三國の屋敷で女中となって働き始める高千穂ひづるである。この時点で、息子たちは大きくなっている。ひづる(失礼)の登場の仕方は、本作中もっとも素

『異母兄弟』 © 独立プロ名画保存会

監督・家城巳代治、脚本・依田義賢、寺田信義、撮影・宮島義勇、音楽・芥川也寸志、出演・三國連太郎、田中絹代、中村嘉葎雄

晴らしいシーンの一つと言って差し支えない。田中が生んだ二人目の息子・中村嘉葎雄と一緒に溌剌とした姿で歩くシーンでの、ひづるの胸に注目したい。彼女が着ていたセーターから、はっきりと乳首が見てとれるのだ。戦前の設定ということもあり、ブラジャーをしていないのである。乳房が揺れる感じがわかるほどで、これはちょっとした驚きを伴う。監督が、どこまで意識的に演出したのかはわからないが、それはどうでもいい。とにかく、ひづるのこの登場シーンには、陰々滅々としていたそれまでの画面の空気が一掃され、一気に清冽な風が吹き抜けるような感じがあり、とても官能的なのである。

とともに、この全く開けっぴろげで健康的な〝官能描写〟は、冒頭付近での暗い、じめじめとした強姦シーンと、実に鮮やかな対峙関係を作るのだ。つまり、一方に性をめぐるテーマをもつ本作は、田中とひづるが置かれている性的な関係の違いを浮き彫りにすることで、その時代に生きる女性たちの対比を鮮明にするのである。

その後、年下の中村とひづるが屋敷で接近するシーンは、清々しさを超えて、けだし奇跡的な美しさを放っている。「土佐の高知の播磨や」と歌うひづるに、やさしい言葉をかける中村。彼女は思わず、「ぼっちゃん、好き」「ぼっちゃん、大好き」と抱きついてしまうのだ。中村の無垢そのものの物腰と言葉が、ひづるを官能の極致へ誘う。全く、ゾクゾクするようなシーンである。ひづるが発する打ち震えるかのような切々とした言葉と、悶々とした表情の官能性は、さきの乳首のシーンが伏線となっていると見るべきだろう。それ(乳首)は、中村にしか見せていなかったのだ。

二人の仲むつまじい態度を見つけた三國の空恐ろしい顔が、逆に何とも哀れである。軍人の屋敷にあるまじき息子と女中の不道徳さに顔を歪めたのではない。強姦で田中をモノにした自身のおぞましい性と見比べて、二人の行為と姿が、あまりに健康的であったことに、怒り心頭になったのである。

三國が、本当に歯を抜いて演技に挑んだとか、軍国主義を批判する社会派の代表的な作品だとかの評価は、間違ってはいない。あくどい軍人役では、映画史上最高峰の演技者となりえていた三國と、戦前の哀しい女を、この人でしか表現できないすごみで体現してみせた田中の演技は、長い二人の俳優人生でも、特筆すべきであったと思う。

だが、高千穂ひづると中村嘉葎雄の官能描写のなかに、本作の大きなテーマが隠されている。

ひづるには、悲しい死が待っている。無垢な魂と肉体から生まれる官能性は、戦争のただなかで、あっけなく押しつぶされるのである。

海女の戦慄

一九五七年、新東宝

新東宝による海女映画の第一作目である。上半身には何も着ていない前田通子が、ボリュームたっぷりの胸を両手で押さえ、左にシルエット風に登場する男がピストルを構えた奇抜な冒頭画面に、〝製作 大藏貢〟の名が登場し、以降、このツーショットのままに志村敏夫の監督名まで進むチープ感が、冗談ではなく、かなり気をそそる。映画がエロ(海女)とアクション(ピストル)で展開することを示した見事なタイトル・ロールと言うべきか。

と、すぐに海女たちが海にもぐっているシーンが飛び込んでくる。その海女の着る薄着の〝衣装〟が、新東宝・海女映画の真骨頂である。普通の水着のビキニスタイルとも少し様相が違うが、まあビキニではある。その挑発的な海女スタイルは、スティールで見ていただくしかないだろう。

ビキニは、新東宝の海女映画で、〝開発〟されたとおぼしい。裸露出の海女スタイルで、男どもの関心を引き出そうとした作品なのだが、扇情的な試みに、サスペンス的な話の展開が混ざり合い、決して中身がつまらないということではない。チープ感は否めないが、なかなか面白いとさえ言っていい。

日活ロマンポルノやピンク映画などで、何場面か裸を盛り込めば、あとの演出は好き勝手にやっていいという無責任な言い方があるが、それとは全く違う。サスペンス劇という堂々たる娯楽的要素のなかに、海女スタイルのエロが突出するのだ。本作では、エロと話の展開は不可分であり、決して二つが遊離しているわけではない。

冒頭がいい。前田がスクッと立って、挑発的なビキニの海女スタイルで登場する。まるで、女神

『海女の戦慄』 © 国際放映

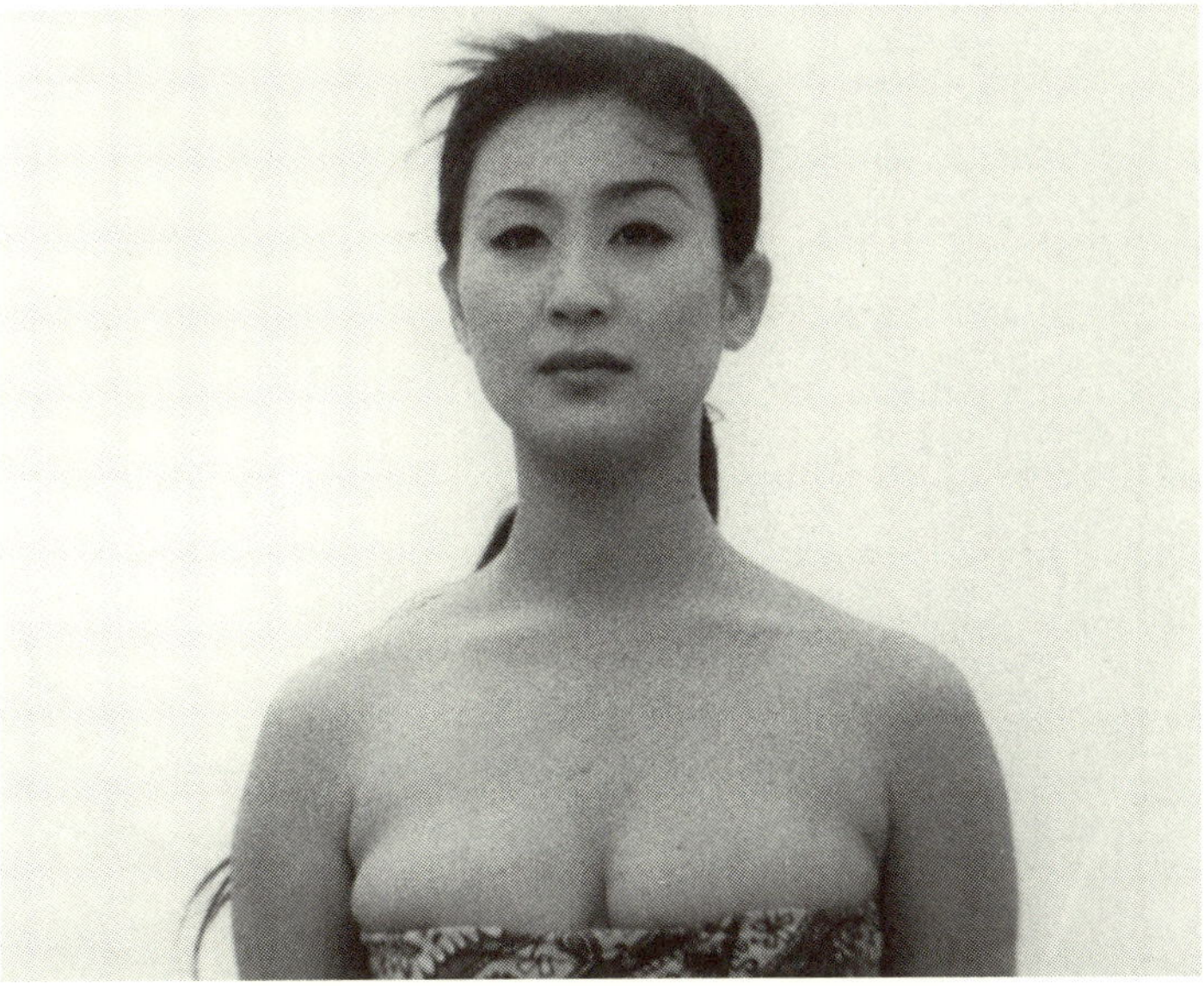

監督・志村敏夫、脚本・内田弘三、坂倉英一、撮影・岡戸嘉外、音楽・服部レイモンド、出演・前田通子、天城竜太郎、三ツ矢歌子、万里昌子

が降臨したかのような趣で、思わずひれ伏したくなる。それほど、このシーンの前田には気品があり、気品のなかに、きっちりエロを漂わしている。見事と言う他ない。

　話は、前田の妹で地元のミス海女になった三ツ矢歌子と同じ海女仲間の万里昌子（昌代には、まだなっていない）が、東京に出かけ、行方不明になるところから始まる。その背後に、海に隠された財宝をめぐる企みがあり、ヒーローめいた男・天城竜太郎（長谷川一夫っぽい顔立ちで、目張りばっちりだが、悪くはない）や暴れん坊の漁師が登場する。話が展開する場所は、千葉県あたりの海岸沿いの漁師町だろうか。

　言うまでもなく、突拍子もない話ではあるが、かなり広くとったホテル兼飲み屋（いかり亭と言う）のセットで繰り広げられる大人数が入り乱れるシーンには、見どころが満載である。田舎の漁村には全く不釣り合いな派手で広い店で、ここが漁師らで大賑わいとなっていて、不思議な空間が醸成されている。ギャング団が、ホテルに乗り込むシーンのバカバカしさは、特筆に値する。彼らの風貌が、一目見て、ギャングなのである。

親分を演じているのが、九重京司だ。この俳優は後年、ピンク映画で活躍し、『愛のコリーダ』にも出演した。菅原文太が三原葉子とラブシーンを演じる『海女の化け物屋敷』という新東宝の海女映画では、人が好いのか悪いのかよくわからない小間使いを演じている。新東宝の脇役俳優では、忘れられない一人だ。本作の親分では、時代がかった悪(ワル)を象徴するようなシックな盛装ぶりとポマードの風貌が見事にはまっていて、何ともうれしくなる(ラスト付近では、機関銃をぶっ放す活躍ぶりだ)。

前田通子は、その健康体とエロが矛盾せずにほどよく混じり合い、絶妙な肉体美を披露する。ビキニの海女スタイルで歩く姿、ビキニの上に、半袖の短い衣装をはおり、今にも胸が露出しそうな雰囲気のなかに、独特のエロが垣間見える。今にも乳首が見えそうな海女というイメージが、前田の多くのシーンで感じられるようにできている。

大団円近く、三ツ矢の助っ人として駆り出された感のある前田は、海のなかに入って眠る財宝を探しあてる。そのとき、彼女が船のなかで見せる胸上部の張り具合が見事だ。今にも、乳首が見えそうになるのは、一種のサスペンスである。おっぱいとビキニのバランス具合(?)が絶妙で、まるで計ったかのようであった。

海岸沿いを歩く天城と前田の後ろ姿を写すシーンがある。長い黒髪を肩にたらし、堂々たる尻を誇示する前田が、胸を張って歩いていく姿には、感動さえしてしまう。日本映画史上、オーバーではなく、もっとも美しい女優の後ろ姿の一つと断じてもいい。ラスト、冒頭のように、崖の近くでスクッと真正面を見て立ち尽くす前田が、とても美しい。美しさは、悲しい顔からうかがえる。天城と別れた寂しさもさることながら、その悲し気な表情は、エロを描く海女映画に出演している自己への憐憫のようにも見えたのだった。

肉体女優殺し　五人の犯罪者

一九五七年、新東宝

石井輝男監督が、三原葉子と初めて組んだ作品である。犯罪者を五人と謳っているので、興をそがれるかもしれないが、これは別に犯人探しの作品ではない。意外な主犯格には少し驚かされるが、浅草ロック座を舞台に、踊り子たちと、そこに巣食う不埒な犯罪者たちの企みが交差する作術が面白く、当然ながら、官能・エロ描写が何と言っても最大の見どころなのである。

浅草のロック座で、肉体女優が殺される導入部は、石井演出の冴えが随所にうかがえる。意味ありげなナレーションのもったいぶった声、ロック座、軽快な服部レイモンドの音楽、踊り子たちの肉体美、発射される拳銃。そしてここには、ストリッパーを演ずる女優では、日本映画史上もっともふさわしく、様になる三原葉子が登場している。文句なしである。

実直な新聞記者の宇津井健が、早速現れる。踊り子の一人、可憐な三ツ矢歌子に接近し、三ツ矢も満更ではない。殺人には男女関係、麻薬が関係しているらしい。犯人は内部にいると判断した宇津井は、ロック座周辺をうろつくうちに、怪しげな振付師の天知茂や、麻薬の運び人とおぼしき御木本伸介らに照準を合わせて行く。

現役の踊り子たちに混じって、三原と三ツ矢が踊りを披露するのが、大きな見せ場となる。実際、とくに三原の踊りたるや堂々たるもので、体の屈伸具合ではプロたちに負けるものの、その妖艶さと肉体美では、全く引けをとらない。刑事たちの取調べでも、スリットスカートに胸開きドレスで登場し、彼らを困惑させる。ここは、三原の魅力の一つでもあるコミカルな味も出している。

一つのクライマックスである空中ショーでは、たっぷりと胸の上部を誇示して大サービスに徹し、このとき、三原はプロの踊り子たちの職業意識を完全に身につけたかのような貫禄を見せる。女優の姿というより、踊り子の顔と肉体で、この同化ぶりこそ、彼女の全く得がたい魅力なのであった。

三ツ矢で、特筆すべきシーンがあった。天知に踊りを指導される場面で、彼の異常なほど粘っこい態度に、髪を振り乱して、倒れてしまうのだ。天知は、「ワン、ツー、スリー、フォー。アップ、ダウン、アップ、ダウン」と繰り返し、彼はその声に合わせて首を上下させ、体を勢いよく折り曲げていく。

その場面をとらえるカメラの動きがすごい。メガネの奥から蛇のような無気味な目が光る天知に、速いテンポで寄ったり引いたりを繰り返す。一瞬だが、彼のメガネの片方に光が写るカットなど見事なもので、本作でもっとも気合の入ったシーンになったと言える。天知の端正な顔が、演出とカメラのよこしまな狙いのままに、グロテス

『肉体女優殺し　五人の犯罪者』 © 国際放映

監督・石井輝男、脚本・中田勇、三輪彰、撮影・鈴木博、音楽・服部レイモンド、出演・宇津井健、天知茂、三原葉子、三ツ矢歌子

クな変態性を帯びる。

天知に見入られた三ツ矢へのカメラの接近も、実に切迫感があり、あの大きな目をおどおどさせながら、ぴったりしたレオタードから、形のいい長い足を乱れさせて、サディスト・天知の前に倒れこむ。三ツ矢の可憐さと清楚な体つきは、サディストの餌食になりやすいのだろう。痛めつけるほどに、可憐さが崩れ、その崩れ具合に、行為者は興奮の度合いを強めるといった感がある。

一つ、女優陣で気になった人がいた。踊り子ではない。麻薬運搬人の御木本伸介の女房となる根岸香代で、本作では彼女が登場するや、いきなり辛気くさい因果話めいてきて、妙に印象に残る役柄であった。女優・根岸季衣(旧・とし江)と、目元あたりが似ているので気になっていた。同じ根岸名なので、二人は何か関係があるのか。香代のほうは、生活に疲れたうらぶれた感じがぴったりの女優で、同じ石井輝男監督の地帯シリーズの一本である『黒線地帯』では、雑誌記者の天知茂が睡眠薬を飲まされる旅館で、曰くありげな女中を無気味に演じていた。

御木本が登場する場面(ほとんど顔は写らないが)では、船に積んだ食品などを、川に隣接するアパートに住む踊り子たちに船から届けるという面白い描写もあった。彼は、食品に混ぜて麻薬も送り届けていたのだが、荷を船から住まいに届ける風習は、江戸時代からあったというセリフも出てくる。それをうまく利用した犯罪の手法で、なかなか味のある趣向であった。

それはともかく、主犯格の犯罪者は、詳しくは書かないが、全く意表をつくものだった。誰か、モデルがいたのだろうか。宇津井の長々としたセリフによる犯罪の解明はいただけないが、犯罪自体は相当恐ろしいものなのだ。主犯格の職業、生活ぶりが、世を忍ぶ仮の姿のような趣があり、長きにわたってネチネチと、蓄積されてきたかのような性への歪んだ意識が、最後に至って露になる。演じた俳優名は、この文章では記さない。

女体桟橋

一九五八年、新東宝

この素晴らしいタイトルを見よ。深く味わいつくせ、とも言いたい。新東宝は、名タイトル(それも、いかがわしい)の宝庫である。これが、名うての興行師からスタートした大蔵貢(当時の新東宝社長)の勘どころのすごいところなのだ。〝あとがきに代えて〟に、そのあたりのことは記した。

さて、本作の導入部は、映画の壺を心得た石井輝男タッチ全開とでも言おうか、映画のお手本のようなワクワク感が全く文句なしに素晴らしい。東京・銀座の夜。この大繁華街の裏で、あくどい売春が行われているという実話雑誌風なナレーションの重ったるい声が、ドキドキ感をあおり、まさに掴みはオーケーである。

大都会の暗部に忍び寄っていくかのようなカメラの絶妙な移動があり、そこに我らが主人公・宇津井健が、今にも売春組織の裏側を探ろうと、虎視眈々と獲物を狙っている。と、踊子の裸にタイトルがかぶり、渡辺宙明のモダンで軽やかなタッチの曲が流れる。映画の至福のときである。この鮮やかな導入部のなかに、エロとサスペンスが交わる演出手法は全く比類がない。

映画は、売春組織のなかに入って、潜入捜査を行う刑事の宇津井と、組織の手先となっている彼のかつての恋人・三原葉子との濃密な関係を軸に、海外に広がる〝女体貿易〟の実態を暴いていく。モデル役、実は記者の筑紫あけみが、華やかで美しい裏のヒロインぶりを見せてくれるのがうれしい。三原は当然、表のヒロインである。

宇津井は、自分が踊子殺人の犯人にされそうになっている捜査本部にいきなり現れ、刑事として捜査に加わる。そのとき手渡されて見た写真に、三原葉子の妖艶な裸が写っている。これがまた、セクシーポーズを異様に強調し過ぎていて笑える。エロ写真から、いきなり映画に登場するとは、三原ならではであろう。さらに、次の場面では、クラブでいきなり彼女のストリップが始まるという寸法だ。

ここは、冗談ではなく、本作の最大の見せ場である。前年の『肉体女優殺し　五人の犯罪者』でお手のものとはいえ、胸を強調した裸踊りのセクシーさは、歴代にあまたいる映画女優のなか、彼女がトップクラスだろう。ただ、三原のエロの見せ場は、ほぼこのあたりまで、というのが意外で、その分、本作のエロ度は低いのだ。

だがそれは、石井監督によるところ大なのではないかと思われる。二年後の『女体渦巻島』でも、三原に対しては、単なるエロを超えたこだわりが強く感じられたものだ。石井の手にかかると、三原は悲劇のヒロインとして、美しくもはかない運命をたどる可愛い女になる。東映時代では、その〝作風〟が、まるで変わるのであるが、新東宝時代の石井＝三原コンビの作品は、どこか痛々しさが

『女体桟橋』 © 国際放映

監督・石井輝男、脚本・石井輝男、佐川滉、撮影・平野好美、音楽・渡辺宙明、出演・宇津井健、三原葉子、筑紫あけみ、旗照夫

女体桟橋

あって、私は好きである。

歌手を演じる旗照夫にも触れておく。一緒に東京にやって来た彼は、三原に〝坊や〟呼ばわりされるのだが、クラブで彼女を思いながら歌うバラード風の歌が、とても情感があっていい。『思い出』という曲(渡辺宙明の作ではない)で、宇津井と三原の席を見やりながら、嫉妬にかられつつ、歌うのである。

これで、思い出したことがある。子どもの頃、テレビでよく見た旗照夫の目の嫌らしさで、私はこの人がとても苦手だった。どこかホラーめいていて、旗が画面に登場すると、妙に怖くなったものだ。だが本作では、その嫌らしい個性が、年上の女性からすると、魅力的に映るようにも見える。『思い出』の歌のせいだろう。歌で、女の気持をつかむ。定番だが、私もこの年齢になると、旗の魅力がわかってくるのだ。

宇津井と同じく組織潜入を続ける筑紫が、クラブに居座るあたりで、いきなり半裸の踊子たちが数人登場して踊り出す。ブラジャー、食い込みパンティーで、サービスカットにしろ、これは集団の女の裸に異様な関心を示す石井タッチの初期の〝成果〟だろう。

三原の最期は悲しい。宇津井が、撃たれて横になった彼女を持ち上げようとすると、ドレスから見える胸がやけに目立つのだ。死を前にしても、胸なのだ、この女優は。これが悲しいながらも、いかにも彼女らしいと思える。三原を思いやるように見え、宇津井が、あっさりと筑紫に乗り換えるかのようなラストは、三原にとって二重に悲しく映るのであった。

人喰海女

一九五八年、新東宝

『海女の戦慄』に続く新東宝の海女シリーズ第二弾である。三原葉子が、初めて海女姿で登場する。もちろん、エロが売りの作品だが、海女のスタイルに変化が出ている。海女たちは、『海女の戦慄』のようなビキニ姿ではなく、素肌の上に白い上っ張りを着ている。この衣装は、相当考えられたものと推測される。別に推測しなくてもいいのだが、海水に染みると、肌の露出が一段となまめかしく写るようになっている。私には何の文句もない。

冒頭から海女二人、三ツ矢歌子と万里昌代（昌子ではなく、昌代になっている）が、くんずほぐれつになってケンカを繰り広げている。海女二人が、砂の上や海に飛び込んで暴れ回り、あられもない姿態を見せることが、エロ狙いなのである。

冒頭から、まさにサービス精神旺盛な見せ場全開が、うれしすぎる。ここに、三ツ矢の姉で、同じ海女の三原葉子と、相撲取りのような筋肉隆々の漁師・宇津井健が登場する。宇津井はさきのケンカの仲裁に入るが、直後に別の海女が一人の男の死体を発見して、海女ミステリーという体裁をもつ本作の幕が開くのである。

殺された男は、三原と関係があった。この殺しには、三原とワルの御木本伸介がからみ、飲んだくれで自暴自棄になる御木本は、三原を我がものにしようとする。

こうした展開のなか、宇津井が仕切る漁のしまを狙う男が登場してくる。嫌らしさが絶品の丹波哲郎である。丹波は、漁のしまばかりか、三原の体までを狙い、結果的に、いいもんの宇津井と悪

『人喰海女』 © 国際放映

監督・小野田嘉幹、脚本・渡邊祐介、川上茂、撮影・森田守、音楽・渡辺宙明、出演・三原葉子、三ツ矢歌子、宇津井健、御木本伸介

もんの丹波の対決になっていく、実直な刑事役が意外な適役ぶりを見せる殿山泰司が、真相を探っていく役回りで、ちょっとしたキーマンになっているのも面白い趣向だ。

冒頭近辺で目を引くのは、ボリューム感はないものの、三ツ矢が意外に弾力のありそうな肉体で、エロの線を出そうと結構がんばっていることだ。胸は大きくないが、腰の部分が、がっしりしている。もっとも、上半身の薄着の衣装が濡れると乳首が見える他の海女たちと違って、三ツ矢の場合は乳首が見えない。上半身が、いささか厚着の衣装になっていて、完璧に〝防御〟されているのだ。アイドル的な容姿の持ち主である三ツ矢は、新東宝の〝エログロ〟路線では、特別扱いだったのだろうと推測できる。

とはいえ、三ツ矢の美しさが際立つ作品になっているのは間違いない。これは、後年彼女の夫になる監督の小野田嘉幹の演出によるところが大きいと思う。こういうシーンがある。事件の取材でやってきた新聞記者が、泳ぐために岸壁から海に飛び込もうとする。このとき、危険な水域なので止めに入るのが三ツ矢だ。必死になって止めようとする彼女は、あの大きな目で新聞記者の顔をじっと見つめる。アップになるその表情が、とても美しく撮られている。しかも、このときはなぜか薄い衣装で、乳首がくっきり見えている。監督も、三ツ矢の美しさに思わず見とれて、〝無防備〟になってしまったのかもしれない。

新聞記者もまた、彼女の美しさに惹かれる素振りを見せる。当然だろう。まるで、少女コミックから抜け出したような可憐な三ツ矢の大きな目で見つめられたのである。ただ、特筆すべきは、そのときの男の表情だ。その視線に全然嫌らしさがなく、まるで少年少女の恋愛ドラマのような出会い方なのである。男が、性の対象として、三ツ矢を見ないように撮られているのがわかる。監督の指示だろうか。

これと対象的なのが、三原の数々のエロシーンだ。冒頭の死体に関与した札付きの御木本に誘われ、小屋のなかで彼に見せる三原の妖しい姿態は、彼女の濡れ場演技が最高度に凝縮された場面であった。御木本の誘いに応じる理由がある彼女は、体を横たえ、彼を挑発するかのような表情を浮かべる。胸はたっぷりと隆起しているが、別段あからさまに肉体が露出しているわけではないのに、三原の嫌らしい表情と肉体のエロ度が、まさに突出する。

その後、全身が海水に濡れて彼女の乳首がくっきりと写るシーンも、ふんだんに用意されている。恋人の宇津井も、おそらく、彼女の肉体の虜になっている。彼女に向ける丹波哲郎の視線も含めて、三原はあからさまなエロ要員として、本作では扱われているわけだ。これは、当時の観客の視点と同じであったろうと思う。

三ツ矢のうっすらと見える乳首は、愛を介するまっとうな記号となるのに、三原の姿態と乳首は、エロ描写としての記号として機能する。ただ三原にも、宇津井とのちょっとしたラブシーンが用意されている。だがしかし、三原の肉体美が圧倒的なので、ラブシーンであっても、エロに目がいってしまう。私が、三原葉子という女優をもっとも評価し、愛してしまう理由の一つが、それである。本著で、三原へのオマージュが、エロを介して何遍も繰り返されるので、飽きずにお付き合いをお願いしたい。

結果的に、三ツ矢は愛を得て、三原は悲劇のヒロインとなる。三原が出演する作品は、彼女が悲劇的な結末に陥るケースが、結構多いのだ。エロと何らかの関係があるかもしれない。エロは一種の毒であり、毒は映画のなかでは花開かないということか。エロへの罪悪感が、製作側にあったのかもしれない。新東宝のエログロ映画は、時として、話が道徳的になることがあり、エロはその餌食となる。

だが、三原のエロこそ、新東宝を新東宝たらしめていた大きな原動力の一方の旗頭であったことは、ここで改めて言うまでもない。当然、もう一方のエロが前田通子である、前田の健康エロと三原の隠微なエロ。二つのエロエロ路線は、日本映画史上もっとも不遇な女優評価に甘んじたと言っていいと思う。だが、ここで宣言しよう。前田、三原こそ、日本映画の性の領域を開拓した女優のパイオニアであったと。そろそろ日本映画も、映画史の正当な評価をしていい時期に来たのではないだろうか。

氾濫

一九五九年、大映

愛欲の荒野を描いて、これほど過激な作品も、そうざらにあるものではない。タイトルの『氾濫』とは、愛欲をベースにした男女のそれぞれのエピソードが、人間たちの煮えたぎる官能の波しずくを呼び起こす謂いと考えていい。

何組かの〝恋愛模様〟が描かれるが、どれもかなりいかがわしさをかもす。官能は、いかがわしさから生まれ、それこそが、本作の大きな魅力だとも言えようか。デビュー作の『くちづけ』(五六年)から九本目にあたる増村監督だが、この作品以降、官能的な題材や描写が増えていくようにも見えた。

独自の接着剤を発明した化学者の佐分利信は、所属する会社に利益をもたらした功績により、重役となった。マスコミでも一躍寵児となり、雑多な人間が家に出入りし、故郷の人からは金をせびられる日々が続く。生け花の会を開いたりする妻の沢村貞子の交際範囲も広くなる。その生け花師匠を演じる伊藤雄之助がオネエ言葉の連発で、うれしい怪演を見せてくれる。

そんな折、佐分利のかつての愛人・左幸子が現れる。新聞で重役昇進を見て、やって来たのだ。着物姿の色気が、登場場面から危ない雰囲気を出す。当然、やけぼっくりになってしまう。その後、ライバル会社が似たような接着剤を作り、会社の業績は下降気味となる。会社は佐分利に新たな開発を求める。その少し前から、大学の研究所で働くうだつの上がらない川崎敬三が研究論文をもって、佐分利の前に姿を見せていた。この論文が、なかなかいける。野心家の川崎は、同郷の恋人らしき女・叶順子がいるのに、叶の友だちでもある佐分利の娘・若尾文子にちょっかいを出す。

ここで、全編にわたって入り乱れていく男女の関係を示しておこう。佐分利と左、沢村と若尾のピアノ教師の船越英二、川崎と叶、及び若尾、佐分利の学者仲間で、川崎の論文をまんまと金に換えてしまう俗物教授・中村伸郎とバーのマダム。脚本・白坂依志夫の手になるこれら乱雑極まる男女関係が、とにかくいかがわしいのである。

佐分利と左は、戦争中、空襲のさなかにできてしまう。回想場面で出てくるのだが、周囲が爆撃で火の海になり、左が悲鳴を上げるなか、その悲鳴とともにある苦悶の表情が、ちょっとした悶えのようにも見えてくる。佐分利は、それを見逃さない。モンペ姿の左が、当然ながら爆撃におびえるのに、佐分利のほうは、その恐怖、苦悶の表情を見て興奮するのだ。あの実直な佐分利が、死と向かい合わせの爆撃の恐怖より、左の悶えるかのような姿態のほうに感応してしまうのだから、左の苦悶の表情も相当なものだ。

佐分利の左を見る目と表情は、それほど嫌らしくはないのだが、それでも生真面目な佐分利からは想像もつかない男の目をする。嫌がる左に抱きつく佐分利のちょっとぎこちない動作がまた、いかにも不器用な佐分利らしくて好感がもてるのだ。ただ、下になる左のほうが、官能の主導権を握っているかのごとき風情を出すのは、左という女優が本来的にもっている性への貪欲さゆえであろう。

このシーン含め、二人の逢瀬の場面がとても重要なのは、『氾濫』から六年後に公開される内田吐夢監督の『飢餓海峡』と、極めて似た物語設定であることによる。『飢餓海峡』では、出世した犯罪者である犬飼・三國連太郎の記事を新聞で見て、左は三國の前に現れる。本作でも左は新聞で出世の記事を見て、佐分利の前に姿を見せるのだ。どちらも、過去に男女関係があり、再会の場では男が戸惑うのだが、『飢餓海峡』の三國が左を殺害してしまうのに対し、佐分利は左とよりを戻そうとする。

佐分利のほうは、三國と違って犯罪がからんでいるわけではないので、殺さないのは当然かもしれないが、この違いは、佐分利と三國の俳優の資質によるものに見えてくるのが面白い。ただ実のところ、『氾濫』の左は、『飢餓海峡』とは違って金目当てだった。純粋な再会を期した後者の左のほうこそ、三國に殺される理由はなかったのである。

会社での地位が下がり、佐分利にそれほど利用価値がなくなったとみた左が、かつて彼女を捨てて妻のもとに帰った佐分利を、そのときから愛せなくなったと冷たく言い放つシーンはゾッとする。両作品の設定の違いはさておき、生真面目さを絵に描いたような役が多い佐分利と、犯罪者役がうってつけの三國という全く相反する俳優二人の前に、相前後して、官能的な演技でもっとも定評のある左が現れたのが、とても興味深い。

川崎は、女好き、助平ぶりが絶品であった。恋人の叶が彼のボロアパートにやって来たとき、ソケットの灯りを消して、それらしい雰囲気を作る。すぐにソケットがつくのを見つけた叶だが、ぎらつく川崎にスカートのなかをまさぐられる。拒絶するも、さらに後ろから乳房を触る川崎のほうが、なかなかにすばしこい。だが、叶は最後までは許さない。叶も、ある計算をしているのだが、川崎の下心丸出しの行為が随所に見え、ある意味素直過ぎるストレートな性への執着心は、愛欲乱れる本作中でも出色の嫌らしさであった。

川崎と叶は、若尾と関係が明らかになった段階で、叶の焦りから結ばれる。そのときの描写が光る。川崎の甘い言葉にその気になった叶は、「灯りを消して」と言う。先ほどのシーンとは逆だ。カメラが川崎の動きに合わせて上昇すると、叶の姿が消え、再びカメラが下がると、すでに叶はスリップ姿になって、横たわっている。カメラの移動に合わせて、衣服を脱いで（画面では見えない）スリップになる叶が、とても官能的である。川崎は、口先だけの言葉をかけるが、この時点で若尾に狙いが移っている彼に、叶を愛する気持はすでにない。

川崎は、いつも冴えない服装だが、意外や髪型など、風貌はパリッとしているので、女にモテても不思議ではない。若尾のパーティーに行っても、他の女のほうばかり見ている男だ。とくに、若尾と喫茶店らしきところで会うシーンが意表をつく。若尾を待っている間、真後ろで踊る女たちのスカートの尻をみつめ、やって来た若尾が帰るや、座りながら頭を後ろに動かし、踊る女たち（後姿）のスカートの合間（中、ではない）に頭を入れ込んで、とても気持良さそうな顔をする。この演出の発想が、なかなか突飛で、川崎の性欲全開のエロの名シーンだと言っていい。

中村（伸郎）は中村で、あの独特の口調で出世と女色の両輪を突っ走るから、本作の隠れた主役のようにも見える。バーの女と一緒にいる旅館で、佐分利に老教授のために金を無心するところなど、思わず身を乗り出したくなるほど、出色の演技だ。一方、ピアノ教師の船越（英二）もすごい。沢村（貞子）にちょっかいを出すのだから、これはすごさを通り越して恐ろしくなる。二人がキス

『氾濫』 1959年製作 © KADOKAWA1959

監督・増村保造、脚本・白坂依志夫、撮影・村井博、音楽・塚原哲夫、出演・佐分利信、若尾文子、川崎敬三、左幸子

している映画史に残るシーン(冗談ではない)もある。沢村のキスシーンは、彼女の出演作で何回あっただろうかと数えてみる(わからない)。

この二人は、連れ込み旅館で、中村に見つかったりするが、沢村は結局、船越に振られる(当たり前だ)。このときの船越がまた、面白過ぎる。『痴人の愛』のように、新しい妻にお馬さんをやらせ、沢村を鏡の前に連れて行ってののしり、沢村に向かって何と「バケモノ」なんて言ってしまうのだ。沢村が心底可哀想になったが、彼女もたいしたものだった。その場ではショックを受けるが、少し経って、中村から事の次第を知った佐分利に沢村は問い詰められながらも、全く動じることはなく、逆に佐分利に愛がないと突っぱねる。沢村の勝利である。

佐分利と中村のシーンで思った。これは、実直な二人をよく登場させる小津安二郎監督作品の裏返しのような趣もあり、小津への対抗心丸出しの増村のとんでもない映画的な企みではないかと。まあそれはともかくとして、全編、性と欲望に突き動かされた男女の話として展開するので、全く飽きないし、本当に気持がいい作品であった。まさに官能の台風により、河川が氾濫しているかのような作品なのである。男でも女でも、欲望のままに話が展開していくので、官能描写は、ちょっとグロテスクな地点まで行き着いている。これが、増村なのだと知れば、彼の日本映画史における特異な位置がわかるというものである。

女体渦巻島

一九六〇年、新東宝

新東宝の歴史のなかで、もっとも重要な作品の一本にして、映画史上に残る傑作であると、何の躊躇もなく断言する。タイトルに惚れ惚れする。『女体桟橋』や『九十九本目の生娘』などと並んで、新東宝歴代名タイトルの最高峰に位置する作品であることも確認しておきたい。

舞台は、長崎県対馬のある島である。冒頭、〝日本のカサブランカ　対馬〟と出る。ほんとかよと、公開当時は知らず、今なら誰しもが思う。ここにかぶってくる渡辺宙明の音楽が、哀切極まる旋律で(ちょっと、マカロニウエスタン調も入っている)、以降、愛のテーマとして映画全編を貫き通す。この主旋律から、麻薬を扱うシーンでは不気味な曲調に変わり、愛のテーマと見事なコントラストをなす。もう一つ、本作の最大の見せ場である三原葉子が中盤でなぜか踊り出すシーンでは、ロカビリー調の歌が抜群の効果を見せる。本作を傑作たらした功労者の一人が、音楽担当の渡辺宙明である。

新東宝ハンサムタワーズの一人、吉田輝雄が主演を張る。ハットをかぶり、見事な正装スタイルで登場する。対馬という場所に、このいでたちで登場すれば、誰しもが大笑いしたくなる(昔の映画館では、どうだっただろうか)。彼は、香港からやって来て、麻薬の密売や女売買の巣窟になっているクラブに赴くところなのだ。そこにいるマダムの三原と吉田は、かつて愛し合っていた。彼は、香港組織の一部門である日本の対馬の拠点に、なぜか単身乗り込んできた。

本作における三原葉子の素晴らしさは、筆舌に尽くしがたい。サービス精神旺盛というのか、ドレスを着替えるときには、黒の下着姿になって胸の谷間をたっぷりと見せてくれる。だが本作は、三原のエロを大きく期待すると裏切られる。ただ、それは見事な裏切られ方なのだ。エロを超えた三原ならではの見せ場のシーンがさきのように中盤あたりに待っていて、それこそが本作の大きな魅力に結実しているからである。

そのシーンは、こんな感じで始まる。吉田との関係を知られたことから、組織の一味に弱みを握られた三原は、吉田の好きなアブサンをクラブのバーで一人あおっている。そこで彼女は、若い男の誘いのままに、いきなり妙な踊りを披露し始めるのだ。ロカビリー調のにぎやかな歌をバックに、右手と左手をくねくねさせながら、妙にエロティックな動きを見せる。

スカートをくるくるさせるダイナミックな踊りを披露しつつ、踊りが最高潮に達しようとするさなか、何と周囲の男女全員が手拍子を始める。女たちは、素性のよくわからないホステスたちだが、彼女らが何者だろうが、全く関係ない。ここは、映画のリアリズム(もともと、リアル感はないが)や話の整合性が、一瞬にして解き放たれる場なのである。麻薬密売の進行具合や女たちの〝貿易〟といった設定の脈絡などまるで関係なく、彼女たちは三原の踊りを祝福する(かどうかもわからない)かのようにワイワイやって、みんなで合唱さえしてくれる。このいい加減さ、意味不明さ。だが、映画的な活力(あまり使いたくない言い方だが)に満ち溢れていて、問答無用に感動するのだ。このシーンは、映画が表現しうるもっとも素晴らしく、美しい瞬間の一光景であると言って差し支えないであろう。

そのシーンの最後のほうで、三原の前に突如幻想的に吉田の姿が現れる。吉田がぎこちなく踊っているのに、思わず苦笑するも、次に現れるのが、三原と吉田の香港組織のボス・天知茂の髭面で、ここは全く衝撃的だった。強面風の天知が、踊りに合せて、体をくねくねさせているのである。天知は、ここが本作で初登場であり、すでに吉田や三原の口から悪党との烙印を押されている。そんな悪党のボスが、髭の強面でくねくねやって出てくるのだから、リアル感も何もあったものではない。ただただ、凄まじい映画のデタラメさにため息をつくしかないのだ。

憎きボスが登場したので、三原はどこか苦悩の表情を浮かべる（吉田、天知は、三原の思い描いた幻想なのだ）。その苦悩ぶりに、悶えているような感じもあり、官能的な表情に見えてくる。これこそ、三原という得難い女優の真骨頂であろう。アクションや踊りなどの複合的な描写のなかで、苦悩と堺を接する官能性が露になる。別のシーンで麻薬に冒され、中毒症状になっても、三原は妙に悶える感じが濃厚で、その悶えの表情には、悲しささえ漂っているのを見逃してはならない。

その官能描写が、最高潮に達するのがラストである。渡辺宙明の哀切極まる名曲が高なるなか、愛する吉田に見守られながら、死へと向かって行く三原。さきのような突発的な踊り場の感動的な空間を作り上げた彼女の官能的な残影がここでも浮かぶ。死への旅立ちさえも、彼女が演じれば、官能的に見えてきてしまうである。少し長くなるが、二人のセリフのやりとりを、どうしても書いておきたい。このセリフは、聞きようによっては、陳腐にもなる。だが、渡辺の切ない曲と、三原の官能と見まがうような表情のなかで昇華されていくので、愛の映画としての面目躍如となるシーンなのである。

三原を抱きかかえながら、吉田が言う。「百合、しっかりするんだ。ほら、海が見える」。三原は香港での思い出を語ったあと、「わたし、喜んでいるのよ。あなたに抱かれて、死んでいけるんだもの」。「死んじゃいけない。お前が死んだら、俺は生きていかれない。生きていく望みがない」。「ダメよ、あなたが死んだら、誰があたしのこと思い出してくれるの」。「百合、百合」。「あたしが愛しているのはあなた。あなた一人だけ」。「みんな食べて、食い殺してやる」。

カメラの切り返しで二人の感情が高まっていくのであるが、セリフだけでは、全くピンとこないだろう。歯の浮くようなセリフのゆえだが、これに渡辺宙明の音楽が流れると、悲劇と官能の嵐が

『女体渦巻島』 © 国際放映

監督・石井輝男、脚本・岡戸利秋、石井輝男、撮影・鈴木博、音楽・渡辺宙明、出演・吉田輝雄、三原葉子、天知茂、大友純

渦まくから、全く手品のような描写ということになる。渦巻島の意味は、この場での渦巻く官能描写以外ではない。

さて、ここで、どうしても触れておきたい俳優がいる。大友純である。新東宝の常連俳優であり、わが贔屓俳優の一人とも言っていい。大映作品なら伊達三郎、新東宝なら大友純と言ってしまいたいくらい、新東宝になくてはならない俳優である。中川信夫監督の傑作『東海道四谷怪談』で、天知茂にそそのかされて毒を盛る按摩役がもっとも知られているだろう。彼の顔は、一度見たら忘れられなくなる。異貌際立ち、あの低音の声とともに、そこにいるだけで、不気味な雰囲気をかもし出す。

だが、大友の個性は、全く別のところにある。優しくて、弱いのである。強面なのに、彼が行動し喋り始めると、その優しく弱い個性が現れ出す。このギャップこそ、大友純のもっとも得難い資質なのである。

本作でも、三原と取引する朝鮮人を演じているが、麻薬を受け取るときの弱々しさと言ったら、ちょっと吹きだしてしまう。金銭を上げる三原に、大友はこう言うのだ。「今になってそんなこと言われても、わたくし、困ります」。子どもの使いじゃあるまいし、緊迫する取引の場で、いけしゃあしゃあと「困ります」はないだろう。だが、大友だから、許せるのだ。この俳優は、いつでもどこでも、強面がひっくり返るのだ。

実は、この大友こそ、新東宝の作品の本質を見事に体現している俳優と言っていいのではないかと思う。つまり、大友がいつも行動と内面にもっている優しさと気弱さ、これが新東宝カラーとピタリ重なるのだ。エロであれ暴力であれ、それほどの過激さはなく、ソフトタッチの表現に収まる傾向の強い新東宝の作品は、外見＝イメージと中身＝実体にギャップがある。大友の俳優体質が、とてもこれに近い。他の俳優（とくに男優）の演技も、大同小異ながら、大友に近い面があると言えよう。

話の展開として、麻薬密売と女貿易（売買）の拠点であった対馬は、ついに最後、メロドラマの聖地となった。これが、石井輝男流映画術である。三原葉子へのオマージュ、ここに極まれり。

乾いた湖

一九六〇年、松竹

本作は、大島渚監督の『太陽の墓場』に次ぐ炎加世子の松竹作品出演第二作目である。松竹ヌーヴェルバーグという名称が、一九六〇年前後に公開された一部の松竹作品に使用されたが、本作もその一本と言っていい。篠田正浩監督の第二作目にあたり、岩下志麻が映画初出演した作品でもある。

和田誠によるタイトル・デザインが斬新である。ヒトラーなど世界の独裁者やリーダーが写る写真が、コラージュ風に配置され、武満徹の曲に乗って新時代の息吹を予感させるような出だしが見事だ。武満の音楽は珍しくポップな曲調で、新世代による映画を、まるで祝福しているかのような趣がある。脚本は寺山修司だ(学生服姿で出演もしている)。原作はあるので、オリジナルではない。

クレジットの炎加世子のあとには、(東洋興行)と出る。炎は、女優の前は浅草で踊り子をしていた。

海に面したコンクリート上に、大学生の三上真一郎と炎が寝そべっている。炎はビキニだ。三上に続いて、炎の顔が現れるが、何ともどぎつい。色黒で南洋系にも見え、日本人離れがしている。ざらざらした長い黒髪を振りかざし、野性児の登場といった感じである。炎も大学生のようだが、美形とは程遠い風貌と力感あふれる肉体は、場末のストリッパーがふさわしい。

一転、ヨットのシーンになる。山下洵一郎、富永ユキらがいる。水着の女の股開きのお遊びをやっている。岩下が、映画史上初めて登場する場面でもあるが、太陽、ヨットといった太陽族風なこの場面には、およそ似つかわしくない。近代的な顔ではあるが、どちらかといえば、日本的な風情を感じさせ、あまり力感がない肉体と相まって、ここでの彼女は、古い型の松竹大船調女優像に収まる印象が強い。

この冒頭シーンは、野性児の炎と、大船調的な岩下という二人の女優の資質の違いが、松竹ヌーヴェルバーグという作品の土壌で、いかんなく露呈しているのが面白い。さきの股開きの水着の女優が、その後、寺山修司の妻となる九條映子(今日子)だ。本作で、寺山と九條は〝共演〟していた。ちなみに本作にからんで、篠田監督と岩下、寺山と九條の二組が、その後カップルになっている。炎のその後は、わからない。

あだしごとはさておき、役人だった岩下の父の自殺をめぐって、いわくありげな政治家・伊藤雄之助が登場してから、本作の筋らしき面が動き出す。伊藤は、高千穂ひづるがママをつとめるバーで、高千穂の愛人でもある三上とも知り合う。金持ちのボンボンである山下と貧乏学生・三上の関係、父の自殺がきっかけで、婚約を解消された岩下の姉・鳳八千代をめぐる復讐劇、学生・小坂一也の自殺、山下の恋人いじめなどがからみ合い、三上はある行動へと一気に傾斜していくというのが、大雑把な話の展開である。

三上の木造アパートの部屋には、タイトル・デザインに登場したようなヒトラーや東條英機らのポスターが貼ってある。その暗くてじめじめした室内の感じが、同年に公開された吉田喜重監督の『ろくでなし』で、津川雅彦が暑さにぐったりしていたアパートとそっくりだ。この貧しい木造アパートで、一人悶々とするというイメージが松竹ヌーヴェルバーグだとの強い思いが、私にはある。

三上は、開いた窓からラグビーの練習を、苦々しく見ている。これと同じシーンが、あとから出てくる。あとのほうでは、選手の汗などを交えたラグビーの練習風景が克明に描写される。ラグビーの規則正しい動作に、軍隊の隊列がイメージされる。三上は、ヒトラー、ラグビー、軍隊といったつながりのなかで、憤懣をため込んだ自身の悶々とした青春の火を燃やしている。

学生運動にも参加している三上だったが、脱退する。安保反対はいい。だが、米国の経済援助がなくなったら、日本はどうなるのか。大衆を食べさせることはできるのかと、学生たちを相手に一席ぶつのだ。これは、今の安保法制論議にも通じる。学生たちの政治闘争のシーンは、ヌーヴェルバーグならではである。

三上は、学生運動を指導する学生たちに、デモでは何もできないと言う。このあたりから、三上は暴走し始める。恋人をめぐる山下の横暴、小坂の自殺など、さきに触れたいくつかの貧困をめぐる出来事が、三上のテロ志向を決定づけるように描かれる。貧困や金支配の醜い現実を、自身の正義感が容認できなくなってきたのだ。自分も、妾の子だった。

さて、炎である。彼女の登場、存在は、ヌーヴェルバーグと切り離せないと思う。女優の岸本加世子の本当の父が、娘に加世子と名付けたエピソードが好きだ。父が、炎の大ファンだったらしい。炎と岸本は似ても似つかなかったが、それでもこの微笑ましいエピソードは、当時の炎が、ある男性たちに強烈なイメージを与えたことを示している。つまり、それはエロ的なイ

『乾いた湖』　写真提供/松竹

監督・篠田正浩、脚本・寺山修司、撮影・小杉正雄、音楽・武満徹、出演・三上真一郎、炎加世子、岩下志麻、高千穂ひづる

メージであろうと推測する。エロとヌーヴェルバーグ。政治と性を大きなテーマにしたヌーヴェルバーグに、エロは不可欠である。

そのヌーヴェルバーグという土俵で、エロをもっとも生々しく体現できたのが、炎だと言っていい。三上のアパートに、スカート姿でやって来るシーンがあるのだが、ヒップラインがまさに〝ムチムチ〟だ。ムチムチだから、それがどうした、ではなくて、このボリューム感は、肉感性に欠ける女優が大半を占めてきた日本映画にとって、全く得がたい瞬間だったと思われる。

三上は、思わずスカートのなかに手を差し込む。当然だろう。この描写に、どれほどの男どもが憧れ、嫉妬したことだろう。冗談ではなく、今でも私は憧れる。とにもかくにも、三上がスカートに手を突っ込むシーンは、ムチムチの炎のスカート姿がきっかけになっているという点で、エロそのものなのである。学校に二人で歩いていくシーンでの炎の黒人のような尻ラインの素晴らしさと言ったらない。

松竹ヌーヴェルバーグにおける代表的な女優こそ、炎だったと私は思う。演技の下手さ加減は言うまでもない。セリフ回しが、素人なのである。だが、肉体が、肉が、それを補って余りある。とともに、下層の出のような雰囲気をもつ点もたまらない。彼女の本当の出自のことはさておき、それまでの日本映画の女優には、全くなかったような下層のエロの匂いがある。マリリン・モンローも、演技は下手だったが、下層のエロがにじみ出ていた。後年の彼女は、品格らしきものも出たが、あの貧困を出自に刻ませたエロい肉体が、モンローたらしめていたのは間違いない。炎は、モンローよりいかつく、将来的(女優としての)にも、上品、品格をもちえない雰囲気をかもしていた。

三上と炎(『乾いた湖』)。川津祐介と桑野みゆき(『青春残酷物語』)。津川雅彦と高千穂ひづる(『ろくでなし』)。ヌーヴェルバーグの代表的作品のカップルの俳優名である。炎が、川津や津川のインテリに惚れるとは、とても思えない。三上のもつ野性味は、インテリ左翼のものではない。ヒトラーに憧れる若者は、だから三上にぴったりで、彼は左翼小児病（映画では、この言葉が出てくる）とは無縁なのである。

三上には、非インテリの野卑的な魅力がある。だから、そんな三上と炎が、宿命的なカップルとなるのだ。だが、三上のバカは、炎を捨てる。彼は、エロではなく、テロを愛してしまうのだ。炎も、ただの男を頼る女になってしまう。本作のもっとも脆弱なところである。なぜ、あんな結末にしてしまったのか。一度、監督に聞いてみたい。

とはいえ、ラスト近く、岩下が、それまでのいささか沈痛気味だった自身の姿を一変させ、安保反対のデモ隊に加わって、実に溌剌とした笑顔を見せるのが、本作の実は大いなる隠し味であった。この笑顔は全く不可解で、まるで監督が何かを思い立って、岩下に主役の座を明け渡したかのような感じさえあった。

本来の主役二人の三上、炎はテロと愛に停滞し、脇にいたデモ参加の岩下には、どんでん返しのように、ある使命（何かはわからない）を帯びて、いずこへと飛び立つかのような雰囲気が、ありありとうかがえた。造反有理ならぬ、デモ有理である。否、岩下有理と言っていいかもしれない。篠田監督が以降、炎を自身の映画に起用することはなかったのである。

少女妻　恐るべき十六才

一九六〇年、新東宝

ザ・ドリスターズ主演の松竹喜劇や、東映の『悪女』などで知られる渡邊祐介監督のデビュー作である。おどろおどろしくもすごいタイトルだが、それほど興味本位の作品ではない。もちろん、このタイトルでは、今なら映画化はできないだろう。主演の女優は、星輝美と言う。多くの人が知らないだろう。飛び抜けて美形でもないし、個性が強烈というわけでもない。どこにでもいそうな普通の女性であり、よくぞ主演級で配役されたと不思議な気もする。新東宝末期のことだから、何が起こっていてもおかしくはない。だが、それが逆に新鮮さを放った。

冒頭、高校の校庭内ではしゃぐセーラー服姿の女子高生たちが活写される。集団で運動場を走る、水道で水を飲むといったシーンの連続性に、少女たちを演じた無名女優たちの匿名性のエロがにじみ出る。単に女子高生たちが、キャピキャピ(今では、もう言わない)しているだけで、通常言われるようなエロでも何でもないシーンなのだが、無名＝匿名性を身にまとった女子高生という記号性が、開けっぴろげで、しなやかな姿態を見せるとき、密やかなエロ＝官能性が呼び起こされると言ったらいいか。

これは、いけるぞ(何が)と期待は高まるが、何と彼女らは偽の女子高生だった。このあたりで正直、記号としての女子高生像は、官能性から遠くなる。この子たちは、アパートに集団で住まわされ、それぞれが旦那をもたされて、男相手に商売して暮している。売春の道具としてのセーラー服が、無垢な姿態から生まれていた官能性をはぎとっていく。仕切っているのは、異様に色の黒い御木本伸介が束ねるヤクザの売春組織だ。新宿・

『少女妻　恐るべき十六才』©国際放映

監督・渡邊祐介、脚本・飯田光雄、渡邊祐介、撮影・須藤登、音楽・渡辺宙明、出演・星輝美、宇津井健、天知茂、小畑絹子

歌舞伎町とおぼしき繁華街で、商売相手となる男を探す彼女たち。ここでの臨場感あふれる街頭シーンがいい。一仕事終えると、男たち（ヒモたち）が待っていて、彼女らはそれぞれの部屋に帰っていく。当時の実話風な趣のあるこの風俗描写は、今では考えられないほど異様である。

　彼女らとヒモたちだけの描写だけなら、まるで売春ドキュメンタリーを見ているようだっただろう。セーラー服を脱いで、普通の衣服に戻った少女たちやヒモたちの生活情景などが、やけに生々しくリアルに映る。それは、無名の俳優たちが、売春の話の展開を結構喜々として推し進めているからだろう。組織の〝人事異動〟らしきものもあり、ヒモのパートナーを入れ替えたりするシーンも出てくる。ボスの御木本は、一人のヒモと親しくなりそうな星の専属にいきなり代わって、彼女をどぎまぎさせる。

　徐々にニヒルな殺し屋・天知茂や、元ヤクザの宇津井健、宇津井の元恋人の小畑絹子ら有名どころが登場するに及んで、やっと映画らしくなっていく。星とさきのヒモが愛し合い、組織から脱出を企てることで、天知らと接点をもち、そこから話が動き出すのである。ただこの場合、映画らしくなると、無名＝匿名性から生まれる冒頭のような官能性が、どんどん希薄になるという不思議な感覚を味わうことになる。末期の新東宝といえども、娯楽映画の枠組みがしっかりとあり、話の展開にサスペンス色やリンチなどの残虐性がにじみ出すのは、致し方ないのだろう。だが、これにより、本作の魅力は、残念ながら、減退してしまう。

星が、シャワーを浴びるシーンがある。その場を、相手をした会社幹部の中年男が覗こうとすると、彼女から「血圧が上がるよ」といさめられる。そのあと、客に誘われたりするが、うまく切り抜ける。星の無名性が、ここで光るのだ。シャワーのシーンから小柄な体に生気がみなぎり、オヤジをいたぶる感じも堂に入っていて、小悪魔的な印象をかもす。肉体的には、何の官能も引き起こさないように見えて、無名性からにじんでくるリアルな表情と可愛げな姿態が、まるで本物の売春のあとのやりとりを覗き見しているようで、ちょっとグッとくるのだ。

これと、ほぼ同じシーンが後年、同じ渡邊監督の『二人の牝犬』で繰り返されていることも、面白い映画的な符牒と言うべきだろう。こちらの女は、田舎から姉の小川真由美のところに出てきた緑魔子が演じる。有名どころの女優が演じているので、本作とはまるで違うテイストとなる。いわば、『二匹の牝犬』は映画のある一場面として、しっかり機能しているのである。ご丁寧に、本作の星と同じように、緑があとから会社に乗り込み、男から金をせびろうとするのであった。

『少女妻　恐るべき十六才』というタイトルからは、想像もつかないあっさりとしたハッピーエンドの結末には、物足りなさはある。だが、一九六一年に倒産する新東宝の末期に咲いたドキュメンタリータッチの風俗映画として、貴重な作品になっていたことは間違いない。

少女妻　恐るべき十六才

第二章◎一九六四年——邦画性革命の時代

秋津温泉

一九六二年、松竹

松竹マークが登場する前に、岡田茉莉子出演百本記念作品と出る。松竹が、岡田に対して破格の扱いをした作品だということがわかる。タイトルのあとに、企画・岡田茉莉子の名が来て、製作・白井昌夫が続く。白井は、松竹の創始者である白井松次郎の親戚筋で、松竹にあって不遇をかこったプロデューサーであった。

スタッフ・ロールのなかで、音楽・林光の名に心が震える。タイトル表示から、本作は林の美しい曲とともにあり、その曲のはかなくも、たゆたうような調べが、主人公・伸子を演じる岡田の生き方を、絶えずなぞっているがごときだからである。曲の流れが、男に翻弄されながらも、なびいていく岡田自身のとめどない愛への渇望をあからさまにしているようにも感じる。

数十年前、名画座で最初に本作を観たとき、林の曲がいつまでも脳裏から離れず、映画音楽とは、映像や話の展開以上に映画のテーマを表すことを思い知らされた。岡田と相手の長門裕之の逢瀬のシーンでひんぱんに流れる愛の主旋律はじめ、多くのシーンで映像と並走する林の各曲を聞いているだけで、くらくらとめまいがしたほどだ。映画史上の名曲と言えると思う。吉田喜重監督作品としては、代表作の『エロス＋虐殺』の一柳慧の曲とともに、最高峰に位置する。

話は、戦前から始まる。病気になった若き長門が、汽車のなかで会った旅館女中の日高澄子に連れられて、岡山の秋津温泉(興津温泉がモデル)にやって来る。ここに、旅館の娘である十七歳の伸子がいた(そのときの年齢は、あとになってわかる)。言葉が過ぎて、旅館の客の草薙幸二郎の軍人に追われた彼女は、布団部屋で長門と出会う。岡田はすぐに恋をするように描かれる。だが、長門は旅館に居つくことはなく、秋津からそれほど遠くない場所に居を構える。

ここからが、本作の異様な展開の始まりだ。何年かごとに、長門は秋津にやって来たり、帰ったりを繰り返すのだが、相当な歳月のなかで反復される、行ったり来たりという彼の行動が、二人の仲を冷やすどころか、逆に熱くしていく。なぜ、一緒にならないのか。なぜ、岡田は長門のところに出かけて行かないのか。リアリズムを追求すれば、当然そういう疑問点が出てくる。だが、そのような詮索は、全く無意味である。本作の主眼が、男女のリアルなメロドラマを描こうとしていないからである。

戦争に負けたことを知った彼女が、米が入ったリュックサックをしょって、一目散に走り出すシーンがある。敗戦に対して大きな動揺を抱き、いても立ってもいられず、走り出したのである。彼女は、国を信じた普通の全く健康で無垢な軍国少女であった。転んで落とした米を懸命に拾う健気さを見せながら、旅館に戻った彼女は、長門がいる部屋に入るなり泣き出し、それが止まらなくなる。戦争に負けた現実が、彼女を走らせ、泣かせるのである。

泣くシーンと対比的に、笑うシーンも出てくる。長門が、心中を迫ったところで、崖付近まで行って薬を飲もうとするのだが、岡田は思わず笑ってしまう。走る、泣く、笑うといった行為に、岡田の無垢性が強調される。本作は、このように、健康的な肢体や無垢的な心根をもつ女が、しだいに愛の荒波に翻弄されていく話でもある。その女の人生に、監督の吉田喜重は、まるで岡田茉莉子という女優が出演百回作品にして、何者かに変身、脱皮していくかのような姿を重ね合わせる。

岡田の愛への渇望は、何回目かの逢瀬のとき、官能の局地を迎える。酒を飲み、寝込んだ岡田の姿に、長門の性欲が燃えた。これまで、二人の間には性関係がないように描かれている。実際のところはわからないのだが、ないように考えないと、その場面の緊迫感は説明がつかない(ただ、そ

『秋津温泉』 写真提供/松竹

監督・吉田喜重、脚本・吉田喜重、撮影・成島東一郎、音楽・林光、出演・岡田茉莉子、長門裕之、日高澄子、芳村真理

れまでに性関係があったとしても、理解できないことはない)。嫌がりながらも、徐々に長門を受け入れていく態度を見せる岡田の移動し続ける肉体に、林の曲がかぶさる。曲が、岡田の肉体に火をつけ、まるで彼女から官能性を引き出すかのように場面が進んでいく。

朝方、岩風呂に入った彼女の表情には、これまで全く見られなかった笑みがこぼれ落ちる。これは、心中行為をゲラゲラと笑った健康的な笑いとは、まるで違う笑いだ。ここでの笑みこそ、長門との肉を共有した官能の笑みなのである。だから、帰った長門を、これまでにないような勢いで追いかけて行き、たどり着いたバスのなかでも甘えるような笑顔を見せるのだ。

津山の公園では、長門にしなだれかかるような素振りを見せ、こんな言葉さえ吐いてみせる。「泣いている、笑っている、怒っている。そんな私はもういない」。「(その意味が)わからない」と言う長門に、「わからなくていいの。私だけがわかっているんだから」と、明るい表情で答える。

「わかっている」ことの一つは、初めて知った官能の奥深さであろう。完成形に近づいた愛の深さでもあろう。官能の極致を体験した岡田は、東京へ向かおうとする長門を、その夜も引き止めてしまう。こうした展開での岡田の表情の変化が、まるで女優のドキュメンタリーを観るようだと言うのである。

吉田監督が、テレビで評論家の上野昂志(監督の傑作『戒厳令』の製作者でもある)の質問に答えて、こんなことを言っているのを目にした。「長門演じる男は、架空の存在にもとれる。岡田の情念が生んだイメージでもあるかもしれない。男のほうは、戦後の日本のなかで、家庭をもち、仕事を続け、いっぱしの社会人になっていく。しかし、長門の戦後の生き方こそ、女を蹂躙してきた日本の戦後そのものであり、それを岡田に対置しようとした」。

この発言を聞いて、はたと膝を打ったことがある。『秋津温泉』は、男女関係や設定が極めて似ている成瀬巳喜男監督の『浮雲』を強く意識した作品ではなかったかと。『浮雲』は結局のところ、高峰秀子演じる女が、うだつの上がらない森雅之と別れられない話である。いかに強がってはみても、男に従属した女の哀しさが色濃かった。だから、それへの対置作品として、『秋津温泉』は作られた気がしてならないのである。

『浮雲』は、離れられない男女のつながりが、一見、男優先の旧態依然とした関係のなかで描かれる(これは、単純に否定されるものではない)。その男女関係の一つのアンチテーゼとして、吉田監督は『秋津温泉』で、男女の関係を架空のものとしても考えられるとして、男社会に虐げられてきた戦前から戦後の日本の姿(とくに女たち)を浮かび上がらせたのだろう。吉田監督の発言を踏まえると、そのようにとらえられる。

『秋津温泉』は、一筋縄ではいかない多様な意味が込められている作品である。官能という側面を論じても、それは全く一面的なものだ。実際のところ、官能の具体的な描写はそれほどないことに注目する必要があろう。官能の所在は、岡田の表情や行動の変化から読み取るしかなく、それもまさに架空の産物なのかもしれない。

官能は、具体性を伴わず、見えないと言える。これが、本作の全く特異なところで、厳然と聞こえてくる音楽の色合いが、官能性を画面から引き出し、それを全的に身にまとった岡田茉莉子という女優が、脱皮を繰り返すかのように何処へと駆け抜けていく。そんな作品なのである。

その姿を吉田監督が徹底して追いかけた岡田ドキュメンタリー的な側面がその後、監督と女優を私生活においても結びつけたとしか考えられないのである。これは、映画の奇跡のなせるわざではなかったか。

秋津温泉

瘋癲老人日記

一九六二年、大映

本作は、大映が得意とする谷崎もののなかで、それほど評価が高いとは思えないが、いろいろユニークな点が満載で、思わずほっこり、にんまりしてしまう。いわば、家族物語として、小津安二郎作品と谷崎潤一郎作品が織り交ざったかのような奇怪なテイストをもつと言ったらいいだろうか。まっとうな映画史からは抜け落ちているであろうが、どうしてなかなかの怪作として、私は好みである。

女中が何人もいる都心の金持ち一家には、若尾文子と川崎敬三の夫婦、父の山村聡、母の東山千栄子が住んでいる。山村は神経痛などを病み、左手が動かず、絶えず痛みを訴える一方で、若い嫁の若尾にでれでれで、手足などを揉ませている。川崎は川崎で、踊り子の愛人がいる。若尾も、親戚筋にあたる青年のボーイフレンドがいる。といった具合で、ちょっと増村保造監督の『氾濫』を思い出すほど、錯綜する愛欲家族なのである。

と言いつつ、小津の『東京物語』をとくに思い出してしまうのだ。『東京物語』では、東山千栄子の長男が山村であった。それが本作では、二人は夫婦役になっており、驚くべき設定である。山村は、この年の実年齢が五十代前半。映画では七十七歳の役だ。『東京物語』では、笠智衆の嫁が原節子だが、本作の山村は嫁の若尾に言い寄ったり、体を触ったり金を与えるなどする。だから、なぜか『東京物語』の笠が原にちょっかいを出す図を想像してしまうのだ。

山村と東山の夫婦役が起点となることで、本作は小津映画と谷崎作品が合体したかのような趣を

『瘋癲老人日記』　1962年製作 © KADOKAWA1962

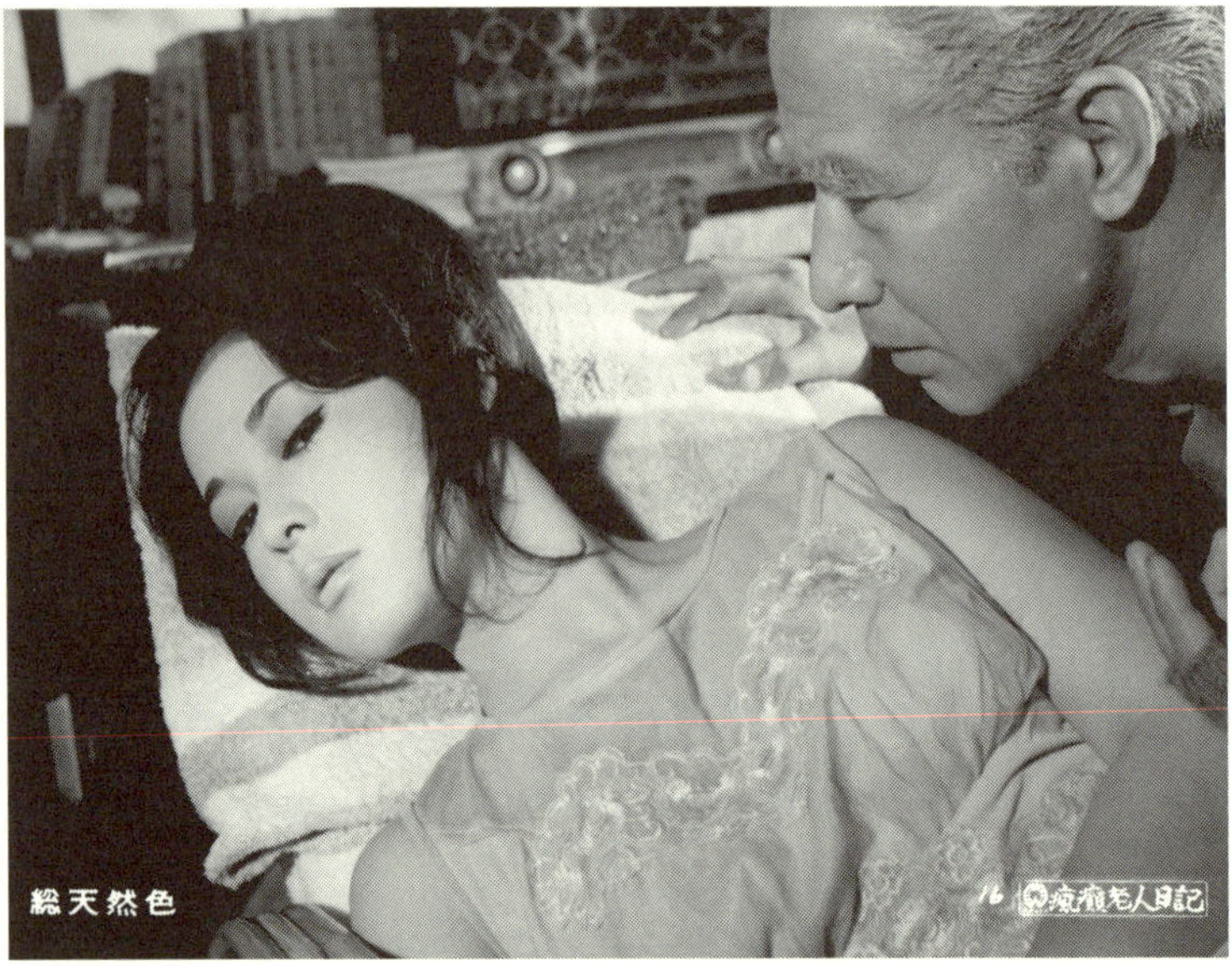

監督・木村恵吾、脚本・木村恵吾、撮影・宗川信夫、音楽・小川寛興、出演・山村聰、若尾文子、川崎敬三、東山千栄子

もつというのが、私の妄想的な見方である。小津的設定をひっくり返し、そこに谷崎的なエロと官能描写をもってくると、本作のようになる。製作側に、そんな魂胆があったとはとても思えないが、どこか妙なテイストがある本作の珍妙さは、意外にそのようなところが原因かもしれないのだ。

若尾が浴びるシャワーのシーンは、一つの見どころだろう。シャワー室からときどきうっすらと見える裸は、吹替えの女優のようであるが、これに上半身だけの若尾の姿をつなげ、シャワー室の裸を本物らしく見せる。大映、お得意のパターンである。この場面の山村はよく頑張っている。若尾のバカにしたような山村への態度など設定自体が、すでにコメディ化しているのにもかかわらず、若尾の足をさすったり舐めたりする山村の必死の行為があるために、描写は何とか持ちこたえている。舐められた足が汚いと言って、足にシャワーの水をかける若尾に、痛々しくもしがみつく山村は、冗談ではなく素晴らしい。

残念ながら、木村監督の官能演出にそれほどひらめき、輝きがあるわけではなく、雑駁な印象さえ受ける。だが、別のシーンで、若尾が胸の上部を露出させた衣装で登場して、しつこくその上部を撮るシーンもあり、増村作品とは真逆なリラックスした若尾の若々しい姿が見られるのがうれしい。かなり盛り上がったこの胸のラインは、彼女の他の作品でもなかなかなく、本作の一つの見せ場でもあろう。

だからなのだろう、その露出度に興奮した山村は、思わず若尾の首筋に口をつけてしまう。この行為を、若尾は「ネッキング」と言う、山村は、「そんな言葉があったのか」。何ともバカバカしいのだが、大真面目な山村だけに、この場面も何とか持ちこたえているのだ。

ただ、彼の性癖が特異なのは、胸や尻に視線や接触が向かわず、首筋、足、口唇へのキスを強く求めるところだ。これが、どうにも合点がいかない。胸フェチ、尻フェチは、ある面、男の性欲発露の当然な行為でもあって、フェチの領域とは一線を画すのに(いろいろな意見があろうが)、どうやら山村の性欲の形には、彼独特のものがあるとみえる。それが原作者のものなのかどうかはさておき、この性癖は描写的には、それほどの官能性を帯びないとも言えようか。一部の愛好家には、たまらないのかもしれないが。

実のところ、たわいない官能描写が続いたとも言えるのだが、ラスト近くのクライマックスに至ると、これまでの二人の関係性が一変し、描写に迫力感がみなぎる。散歩中に、孫に心配されて手を引かれ、涙が出てきたとこぼす山村。そろそろ、死期が近づいてきたと実感するのだ。コオロギの声が耳に響く。コオロギの声ではないのだが、老人特有の感じ方と言われる。これらが、山村の死の予兆となる。

翌日、京都へ若尾と赴く。自分の墓を見つけに行くというのだ。景色のいい場所を決めるのだが、すぐには帰ろうとしない。ここからが、本当の目的なのだ。釈迦の足をあしらった像の下にいると、平穏が与えられるという言い伝えを若尾に話す。若尾の足の裏をかたどり、その像を造って墓のところに供え、その下に自分の骨を埋めてもらいたいのだ。驚く若尾だが、意外とすんなり従うのが、これまでと違う展開だ。彼女は、念願のプールを造ってもらうことを確約させたので、唯々諾々と従っているのだろう。死期が迫った山村にしても、早く足型を造りたい。

旅館の部屋で、横たわった若尾の足の裏に、山村が赤い墨を塗るシーンがある。ここで、若尾は体をブルっと震わせ、奇妙な表情を見せる。もう一回塗ると、若尾は口さえ少し開き気味にし、奇態な表情を浮かべる。ここに至り、おちょくりやフェチに終始してきた官能的な描写に、真剣味が帯びてくるのだ。それまで、支配的に山村を挑発してきた若尾は、ここで初めて本気の顔を出すのである。それまで、金や指輪などが欲しいだけで、いい加減な対応をしてきただけに、さきのシーンで浮かべる若尾の本気度が入った官能的とも言える表情は特筆すべきものであった。

死を前にした必死の山村の行為が、若尾の本気度を生んだのだ。足フェチは、死と仏像を介すことで、単なるフェチを超え、厳粛な性の儀式にまで高められたのである。若尾は、それに反応した。足型が何枚もでき、東京に帰ったあと、若尾がほとんど姿を現さないのも不気味である。

医者が、症状が悪くなった山村にこんな言葉を放つ。「いつ死んでもおかしくない。不能でも、性生活はできる。性欲が生命のエネルギーを持ちこたえさせている」。心臓が元気であれば、性欲が生む生命のエネルギーは、持続できる。山村の性への飽くなき執着は、ここに至り、若尾をもその気にさせ、自身の末期を華々しくすることができたのである。

にっぽん昆虫記

一九六三年、日活

日本の映画史上で、もっとも忘れてはならない作品の一本である。東北に生まれた一人の女性が生きぬく昆虫のようにたくましい人生に、戦前から戦後にかけての日本の政治、及び社会情勢の大変化を重ねながら、日本の土着と近代、言ってみれば、日本そのものを壮大に描いてみせた。卓抜かつ大胆な着想とその実現は、日本映画のもっとも野心的かつ挑戦的な製作姿勢を示す。忘れてはならない作品という意味は、その志の巨大さと、製作の実現へ向けた製作者たちのとてつもないエネルギーの発露があったからである。

主人公・とめを演じる左幸子が、日本の女優史に残るような名演技を見せた。東北弁を巧みに繰り出しながら、その都度の人生の不幸な合間に、過酷な状況を一変させてしまうほど力のあるバカバカしい短歌の言葉（独白）をはさむ。この卓抜なユーモア描写の設定が決まった時点で、本作の成功は保障されたと思う。

自身の出生の秘密をかかえながら、だからこそでもあろう、性への貪欲さを本能的に受け入れ、とめはどんどん底辺に落ちていく。落ちていくというより、人生を泳いでいたら、泥沼のような地べたにはまってしまったと言ったほうがいい。しかも、いつだってユーモアを携えている。このような破天荒な女性像は、左幸子以外、以前も以後も世界の映画史上で演じられることはなかった。本作の左が、二年後の『飢餓海峡』の八重につながっていくのは、日本映画女優史の奇跡以外ではありえない。

戦前、北村和夫演じる左の父は、知的障害もあり、家族からバカにされている。ための父ではないようにも描かれる。母・佐々木すみ江が淫乱で、他の男と乳繰り合っている様が、冒頭近くに描かれるからだ。モンペの佐々木と男には、その連れ込まれ方が写があるわけではないのに、性的な描何とも、助平根性をくすぐる。今村演出が、エロにまみれているからだろう。佐々木は、勅使河原宏監督の『おとし穴』でも、妙に色っぽかった。ここだけの話だが、私は彼女の密かなファンである。

幼い頃から北村になついていたためは、大きくなって左が演じるようになっても、なつき方は変わらない。その極端な形が、左の足にオデキができ、それを北村が舐めてやる場面で展開される。そのとき、左の顔に歪みと恍惚感がにじむ。家族の一人が、その光景を覗き見ている。ゾクゾクするシーンである。

かなり経ってから、左が子を産み、畑仕事のときに北村に乳をやるシーンは、すでにして名場面になっている。胸がはっているので、北村に吸っ

『にっぽん昆虫記』 © 日活

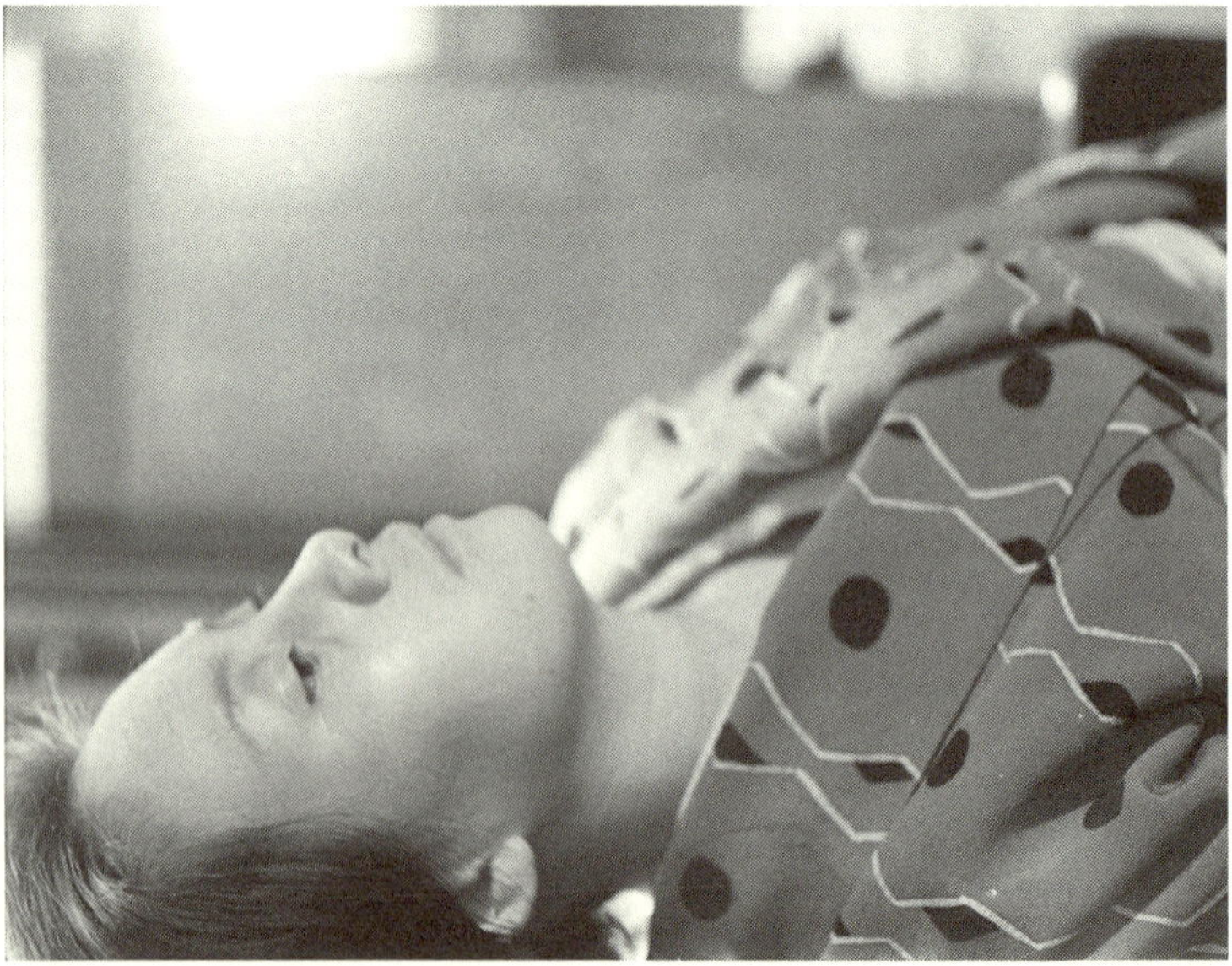

監督・今村昌平、脚本・長谷部慶次、撮影・姫田眞左久、音楽・黛敏郎、主演・左幸子、北村和夫、北林谷栄、吉村実子

てもらうのだが、チューチューする音と、気持良さそうにする左の顔の嫌らしさといったらない。左の乳を北村が吸うシーンは、本作を奏でる主調音のように感じる。この作品は単純化してしまえば、とめ・左と彼女の乳房に吸いつく父・北村の物語でもあるのだ。

戦前を何とか乗り切った左が、戦後東京に赴き、米兵オンリーの家の女中となるシーンがある。オンリーは、春川ますみだ(春川は一年後、『赤い殺意』で大役を得る)。左が布団のなかで悶えて、自慰行為をする姿が、春川の子どもに見つかる。「何しているの」と問われ、慌てる風でもない左は、「さみしいの」と言い放つ。

彼女の自慰行為は田舎でも描かれ、そのときはコタツのなかで着物の裾から手を入れ、よがっていた。男がほしくなると、日常的にやっていたとおぼしい。左は、自慰行為を演じる女優のチャンピオンである。彼女は、春川と米兵がセックスするさなか、覗きに行ったりもする。だが、この家でとんでもないことが起こる。子どもが、熱湯を浴びて死んでしまうのである。次いで、左が新興宗教の場で告白をするシーンが登場する。

このあたりの一連の描写は、性的な行為が死を呼び込むという、本作の隠れたテーマが露になる重要なところだ。子どもを死なせたこともあり、左は罪の意識を感じ出す。新興宗教の信者の集まりで、これまでの男関係まで喋ったりする。殿山泰司が、神妙に聞く役で、笑ってしまう。ここでは、死と性が強固に結びつき、懺悔の理由となっているのを見逃していけない。

驚くのは、田舎の婆様役を演じていた北林谷栄が、新興宗教のお偉方として、この場に君臨していたことだ。何と、こちらの北林は売春宿を構える凄腕の女将でもあった。田舎のいけ好かない婆様役が絶品の北林は、ここではまるで違う演技を見せ、本作でもっともあくどい人間を演じる。世に一人二役は多いが、こんな破天荒な二役は、世界の映画史上でも、めったにお目にかかれるものではない。

この北林こそ、日本が戦前から戦後へと至る過程で、常に左と対峙してきた人物なのだ。彼女の存在は、左をはじめとする下層の女たちを、性から経済的な側面まで、絶えずがんじがらめにしてきた日本の国家像そのものであろう。北林の女優としての怖さとすごさは、土着と近代双方を体現してみせたことだ。本作こそ、北林のまぎれもない代表作であると言って差し支えない。

北林に誘われた左は、売春宿のお手伝いとなる。当然、お客もあてがわれ、ここに出入りする素性の知れない会社社長の河津清三郎に目をつけられて、愛人となる。河津を「お父さん」と呼んでしまうのは、この語感に父・北村への思慕がかぶさるからだろう。河津はいわば、父・北村の代用品なのだ。

河津にどんどんはまっていく左だったが、遊び人のこの男はなかなかあくどい。大きくなって東京にやって来た娘の吉村実子にまで手を出す。ただここは、河津の手の早さというより、吉村が金のために河津を取り込んだと言ったほうがいい。彼女は、東北の地で恋人や仲間と農業を本格的にやろうという目的をもっている。

二人の関係を知った左は悲しみ、ひどく怒る。それは、自分の人生を踏みにじられた気がしたからだ。「お前のために生きてきた。わかってないんだ。男とは、別れようと思ってもダメなんだ。女は、男から離れられなくなるんだ」と、自身がたどった性的関係の依存度、密着感の強さを肉体的に踏まえ、吉村に当たり散らすのである。

ここは、本作の肝とも言えるシーンだ。結局、左が男の性と経済力にがんじがらめになるのに対し、吉村は実のところ、全くそうはならないからである。河津を虜にした吉村のその後の行動がなかなかしたたかだ。東京で店をもたせるという河津の策略に乗るかに見えて、見事にうっちゃる。この拒否反応は、二人のセックスシーンのときにはっきりするのだが、それを象徴した場面がまた凄まじい。驚いたといえば、このシーンが本作中もっとも驚いたかもしれない。

それは行為のさなか、吉村が河津の入れ歯を引き出して大笑いし、河津がもはやギブアップとで

郵便はがき

6638178

おそれいりますが
52円切手をお貼り
ください。

（受取人）
兵庫県西宮市甲子園八番町二－一
ヨシダビル301号

株式会社
鹿砦社
関西編集室　行

◎読者の皆様へ

ご購読ありがとうございます。誠にお手数ですが裏面の各欄にご記入の上、ご投函ください。
今後の小社出版物のために活用させていただきます。

読者カード

お名前《ふりがな》	男・女	年生れ
ご住所 〒	☎	
ご職業 （学校名）	所属のサークル・団体名	

ご購入図書名 昭和の女優 官能・エロ映画の時代

ご購読の新聞・雑誌名（いくつでも）	本書を何でお知りになりましたか。 イ　店頭で ロ　友人知人の推薦 ハ　広告を見て（　　　　　） ニ　書評・紹介記事を見て（　　　　　） ホ　その他（　　　　　）
本書をお求めになった地区	書店名

本書についてのご感想、今後出版をご希望のジャンル、
著者、企画などがございましたらお書きください。

も言わんばかりに慌てるシーンである。入れ歯を引き出すという突拍子もない発想が、今村の今村たるゆえんである。性と金を介在させた左の古風な男女関係は、ドライな吉村の前に崩壊する。その象徴が河津の入れ歯なのだった。

だからといって、今村が左を否定しているのではないのは当然である。というより、彼女の性へのこだわり、男への執着心こそ、人間の愚かさとして、今村が愛してやまない部分なのだと思える。ドライな人間関係ばかりが、善というわけではない。土着、近代と言いつつ、人間の真実は、土着、近代という二分法で一様に回答の出るものではない。

父・北村の病状悪化が電報で来る。田舎の部屋で寝込んだ北村は、そばにいる吉村に「ちち、ちち」と言うのだが、吉村はその意味がわからない。これをすぐに察知した左は、着物の帯を解き、たわわな乳房を出して、北村にしゃぶらせる。本作のもっとも素晴らしいシーンである。

「父ちゃん、死ぬな。死んでもらっては困るんだ」。ここは泣ける。乳をしゃぶるシーンで泣けるのは全く意外であるが、それは、この左の乳が、北村と左を結ぶ大きな接点になっているからに他ならない。「父ちゃん」の死は、自身の原点の喪失である。「困る」のは、左のこれからの行く手の厳しさを表す。この場面では、実に死を止めようとするのが、左の乳なのであった。性と死という本作のもっとも大きな主題がここにある。これに、血のつながりがあやしい二人の関係を加えれば、その意味は計り知れないものとなろう。

ラスト、泥道を行きつつ故郷に帰る年をとった左には、いったい何が待っているのか。娘・吉村はすでに、農地開拓を仲間と進めていて、生活の基盤ができている。左の行く手の泥道が、そのまま彼女の苦難の道に見えてくる。放埓だった彼女の性と官能は、生と、そして死とどのような折り合いを見せていくのだろうか。

「女の小箱」より　夫が見た

一九六四年、大映

映画史上屈指の恋愛＝官能映画と言うべき作品である。原作は黒岩重吾だが、彼の小説からは、『ひき裂かれた盛装　「夜間飛行」より』と合わせ、大映に二大傑作が生まれたと言って差し支えない。『やくざ絶唱』も、原作は黒岩である。

映画は、タイルの風呂に入っている若尾の入浴シーンから始まる。胸の露出部分で、例によって吹替えのシーンもあるようだが、この風呂場の何とも寒々しい場面に、山内正の物悲しい曲（『卍』と並ぶ山内の傑作）が流れる導入部は、そのあとに展開される激しい官能の劇とは対照的に、嵐の前の静謐な感じが濃厚で、全く申し分がない。

ある一流会社の株を買い占めているのが、ナイトクラブ・オーナーの田宮二郎である。ヤクザまがいのやり方で、貪欲に社会を這い上がってきた。愛人のマダムの岸田今日子が体を張って、銀行や金貸しなどから金を引き出している。乗っ取られそうな会社の株式課長が、川崎敬三だ。田宮の事務所にいる江波杏子をモノにし、株の買占め情報を探っている。

川崎の妻が若尾だ。あるとき、若尾は行った先のクラブで田宮と知り合う。以降、会社乗っ取りをめぐって、様々な策謀が相次ぐが、ついに終局、田宮がある決断を強いられる。若尾が、私を選ぶのか、会社乗っ取りを選ぶのかを迫るのだ。若尾は、揺るぎない愛を確かめたいのである。

田宮は迷うことなく、前者を選ぶ。裏切りに唖然として、強烈な反撃を用意しつつある岸田と、若尾をつなぎとめて、彼女に株を買い占めた田宮を篭絡してもらいたい俗物根性丸出しの川崎の二人の執念が凄まじい。ラストに向けて進む愛と死の壮絶な男女の闘いは、映画史上に残るようなクライマックス・シーンを用意している。

田宮と若尾が、何回か逢瀬を繰り返すシーンが、とても工夫されていて、強く引き込まれる。二人の間の官能の色が、しだいに濃くなっていく過程が絶妙なのである。その都度の工夫のメリハリがとてもきいているので、いくつかそのパターンを羅列してみる。

最初は、初めて会ったクラブから家まで送り届けるときだ。車を降りて、さりげなくキスをする田宮に、微妙な表情を浮かべながら、家に戻る若尾だったが、その際、家に入るまで田宮を振り返ろうとはしない。キスをされたとはいえ、最初の逢瀬だから当然の対応なのだが、意識しているがゆえの強い意志が無視の態度につながっていて、後々の出会いと実に対照的に描かれているのである。

二回目は、川崎と江波(キュートで、曰くありげなきつい顔つきが魅力的。短いが、裸の露出が結構ある)の関係にからんで、ある容疑をかけられた田宮が、若尾に助けられる。そのお礼に指輪を買い、別れ際に若尾に渡す場面で、彼はそのとき、受け取りを拒否されてしまうのである。

「可哀想なやつ(指輪のこと)」との名セリフを吐くのだが、そのあと「今日は楽しかった」と言う田宮に、家に向かった若尾が一瞬振り返り、笑顔を見せるのだ。本作で若尾は、ほとんど笑顔を見せないだけに、このときの笑顔は全く惚れ惚れしたくなるほど、官能的なのである。笑顔が官能的とは、随分おかしな言い方だが、徐々に田宮に気持と肉体をほぐされていくかに見える若尾にしてみれば、その笑顔は官能の発露の序章以外ではありえない。

三回目は、田宮が株の売買を決め、はっきりと若尾との生活に踏み出すことを決意して、二人で芦ノ湖に行き、ホテルでの逢瀬を楽しむ場面だ。田宮と体を合わせた若尾は、「初めてよ、こんなに。どうして、なぜ」の名セリフを吐く。その帰り際だ。車のなかでキスをする二人。もはや、当然のキスである。車から離れ、家に向かう若尾だったが、彼女はまた車のほうに戻り、サイドガラスをたたき、開いたところで、田宮と濃厚なキスをする。去る若尾をとらえた映像は、サイドガラスにぴたりと収まっていた。

この三回目の逢瀬の用意周到な演出ぶりには、本当に興奮させられる。変化していく若尾の気持と肉体の興奮ぶりが、この別れ際でついにはっきりと示され、それが官能描写を高めていく見事な演出になっているのである。

さて、忘れてはならない登場人物がいる。言わずと知れた岸田今日子である。この女優が、増村の映画に登場すると、何かとんでもないことが起こる。というより、思い込みの強さが狂気性さえ感じさせる彼女の資質が、増村の粘りつくような演出ぶりと、非常に肌が合っているかのように見え、映画の官能の升目にピタリとはまるのだ。さりげないこんなシーンが、相性の良さを物語る。

田宮とまだ仲睦まじい頃、田宮に向かって、岸田が露な下肢を誇示する場面である。上半身にバスタオルをはおっただけの彼女の白い下肢が、画面で強調される。この下肢の色っぽさに目が眩み、誘っていた岸田がバスタオルを開くや否や、田宮は思わず彼女に覆いかぶさっていくのである。

実に、これと似た場面が、若尾にもあることに驚く。芦ノ湖での逢瀬のとき、ホテルの風呂に入った若尾の白い下肢が一瞬露になる。さらに驚くのは、田宮と若尾の二人が、揃って裸の下肢をさらけ出すシーンまで用意されていることで、いかに増村がその部分にこだわっているかがうかがえる。田宮と岸田との仲が冷えると、岸田の下肢は封印されたかのように、防御されて露にならない。田宮は、黒の衣服でおおわれた彼女の下肢を前に、興奮することなく去るのである。

さて、気を持たせたが、ラストシーンである。ここは、二人の出会いがそうであったような段階的な官能描写がじわりじわりと進んでいくわけではなく、画面の空気を一瞬にして切り裂く暴風雨のような描写になっている。

これを現出させた張本人こそ、岸田なのである。田宮との夢を砕かれた岸田は、からみつくよ

『「女の小箱」より 夫が見た』 1964年製作 © KADOKAWA1964

監督・増村保造、脚本・高岩肇、野上竜雄、撮影・秋野友宏、音楽・山内正、出演・若尾文子、田宮二郎、岸田今日子、早川雄三

うな独特のエロキューションで、憎しみを露にしていく。田宮を刺したあと、若尾をやってしまえと電話でヤクザに頼むシーンは、岸田の歪んだ声の恐ろしい響きが画面を揺るがす。ここで、動けば死ぬと医者に言われた田宮が、若尾を守るべく、岸田に襲い掛かるのだ。首を絞められる岸田は、まるで死を覚悟したかのように、苦しみとは違う不思議な表情を浮かべる。

死を賭して岸田に襲いかかる田宮の上半身の筋肉がまた、躍動感に溢れていて、死を前にしながら、どこか恍惚感を感じさせもする岸田の表情と、絶妙なコントラストをなす。田宮は、すでに若尾とのホテルの性行為の最中、上半身の腹筋ばかりか、背中全体がボコボコうごめくかのような見事な筋肉を披露している。田宮の筋肉もまた、岸田の下肢に劣らず、官能の匂いを発散させており、実に下肢を挑発の道具にしてきた若尾と岸田は、田宮の筋肉の所有を争う女の闘いを繰り広げたとも言える。

血だらけになって横たわっている田宮のもとに、若尾が女友だちとともに駆けつける。息も絶え絶えの田宮が、ここで素晴らしい言葉を吐くのだ。「抱いてくれ」。若尾は抱きかかえた田宮にキスをして、田宮の乳首を舐めていくのだが、この切迫感と死を介在させた若尾の抱擁は、まさに日本映画史上最高クラスの官能シーンと言っていいだろう。

　着物姿の若尾は、田宮の体を愛撫し、岸田の最期のときとはまた違った、何とも不思議な表情をする。それは、快楽とも歓喜とも、はたまた絶望とも悲しみともつかない、精神と肉体が停止状態のとき、人が奇跡的に浮かべることができる表情でもあっただろうか。

　死(とその予兆)が、愛と官能の高揚感を上げていく増村的な映画世界が、本作のラストで、最高度に燃焼しつくしているのだった。ここまで、山内正の名曲が流れっぱなしになっていることにも触れないわけにはいかない。この物悲しい曲が、官能描写を補完、補強していくのは間違いなく、否、それ以上に、曲によって官能描写が引き起こされていると言えなくもない。それほど、山内の曲は圧巻の出来栄えである。

　突き抜けた官能とは、死と紙一重の描写からしか生まれえないのか。はたまた、死をかいくぐらないと、生まれないものなのか。あの世にあって、この世にないもの。現実領域と虚構世界。三人が繰り広げる肉体と精神の官能の爆発の劇は、映画ならではの表現力のなかでこそ、光り輝くものなのかもしれない。

月曜日のユカ

一九六四年、日活

加賀まりこが、もっとも輝いていた時期の代表作である。私は、個人的に〝一九六四年の加賀まりこ〟と呼んでいる。六四年という時期に、加賀の代表作が二本突出したからだ。本作と『乾いた花』である。六四年はまた、官能・エロ映画の全盛期でもあった。その季節に大いなる輝きを見せた加賀は、そのコケティッシュ（あまり使いたくない言葉だが、あえて）ぶりを思う存分発揮し、その溌剌とした小悪魔的な（これも、あまり使いたくないが、あえて）色気が、官能映画の女神の座を約束したのだと思う。

映画は、ある場所に向かって、カメラが接近していく場面から始まる。横浜の街の様子を伝える各国の言語がかぶりながら、移動は続く。カメラは、赤灯台にいる若い男女二人、加賀まりこと中尾彬をとらえる。大型船が接近し、二人は仕事に向かおうとしているらしい。加賀は、二人がこの場でセックスをしたらしいことを匂わせるセリフを吐く。これは、極めて重要な言葉である。

船から降りる船員や乗客を目当てに、中尾らが食べ物を売ったりするなか、いきなりカメラは車内部からの視線になり、車内にいる外人が口笛を吹くや否や、歩いていた加賀演じるユカが振り向く。ここで、黛敏郎の曲がかぶり、同時的に画面が変わってタイトルが出る。つまり、タイトルの前に、セックスを想像させるシーンが入っているわけで、こうした〝スタイル〟をもつ作品は、かなり珍しいのではないか。

以降、当然ながら俳優名、スタッフ名が続く。スナップ写真風に動かない加賀が、徐々に服を脱

『月曜日のユカ』 © 日活

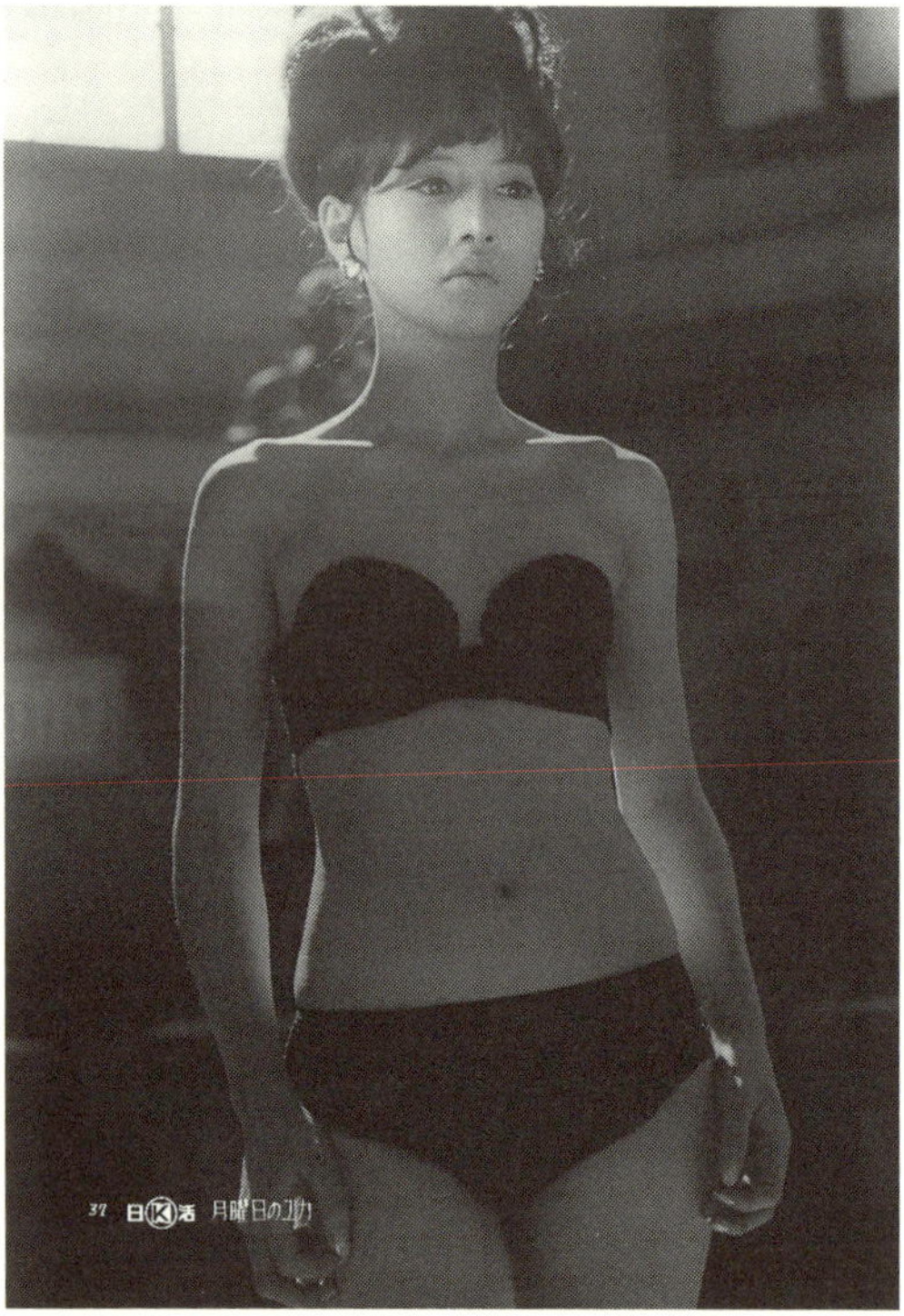

監督・中平康、脚本・斎藤耕一、倉本聰、撮影・山崎善弘、音楽・黛敏郎、出演・加賀まりこ、加藤武、中尾彬、北林谷栄

いでいき(スナップ写真風に)、黒いスリップ、ブラジャー、パンティーが露になっていく。次いで衣服を着始め、最後に「中平康」と出て、右画面にウィンクする加賀。ここに「ユカー」という声が入り、スナップ写真風だった加賀が動き出す。全く惚れ惚れするくらい見事な導入部だ。長々と書いたのは、ここが映画史上屈指の名タイトル・ロールだからである。

　次に、クラブのホステスのような加賀の姿を追いつつ、多くの男女の声がかぶさる。映像に、登場していない人物の声がかぶさる手法は、以降何度も用いられる。そのもっとも効果的なシーンが、加賀の部屋で彼女が左右に動きながら、愛人の初老の男・加藤武の声がかぶさるところだ。

　その場面では、舌ったらずの甘えたようなさりげない声を発しながら、左右を行ったり来たりする加賀のシーンに、加藤(写っていない)の渋い声が入る。カメラは、加賀を追いながら引いていき、彼女が椅子に座っている加藤の膝に乗るところをとらえるのである。ここでやっと、加藤の姿が登場する。これが、ワンシーン、ワンカットで撮られている。同じ手法は、後半部分で、恋人の中尾彬とのシーンにも登場するが、加藤とのとき以上の効果は出ていない。

加賀の母役の北林谷栄が、とんでもない演技をしている。加賀に男の〝指導〟をしたのが北林で、いかに男を楽しませるかを、とくとくと喋るのだ。「(何々)だった」「(何々)だった」といったセリフの最後部分をアクセント強く言う語り口は、あまりお目にかかったことがない。加賀が、中尾とケンカをして、北林に相談する。北林は、ジミーという男と昔付き合っていて、あることで怒ったジミーに大量の花束をプレゼントして、仲直りをした話を、独特の口調で話す。

そのあと、カメラが切り替わり、加賀の顔をとらえるのだが、そのとき見せる加賀の笑顔は、たとえようもない美しさを放ち、本作の白眉となった。他の作品では、まずお目にかかれないような無垢で純粋な加賀の表情＝笑顔が見られるだけで、私は本作を傑作と断じることができる。

中平監督は、テクニックの人と言われ、そのほとばしる才気が、ときとして空回りしてしまうこともある。だから、一部の映画評論家には、そのあたりを相当叩かれたと記憶する。確かに、刑事の取り調べ室(とおぼしい)や自動車のパンクのシーンなどで、早回しと画面縮小をしたりして、全体の流れをぶち壊しにすることも間々あった。

だが、本作は、そんな欠点をものともしない抜きん出た魅力をたたえる。それは、ひとえに加賀が男に見せるあどけない表情としぐさ、彼女の個性を最大限に引き立てた映像の魔術が抜きん出ているからである。本作の加賀まりこは、ありえないような映画の時空に飛び立った女神のようであった。

「ラランララ、ララ、ラランララ」とテーマ曲を口ずさむ加賀は、可愛くて、少しおつむが弱い女である。男をいかに楽しませるかに、生きがいを感じる女とも言える。だから、誰とでも寝るが、その心のなかは、実は映画では描かれていないのだ。愛を知っているのか、知らないのか。肉体の喜びを、どれほど知っているのか。それらは、映画からはうかがえない。だが、加賀が行くところ、加賀ワールドが全開となる。

後半で、加藤に外人と寝るように言われ、あっさりと応じてしまう。だが、そのつけは、すぐにやって来る。加賀との結婚を望み、意外に純粋な面を見せる恋人の中尾は絶望のあまり、自暴自棄になり、自殺に見えなくもない事故で死んでしまう。それを知ったときの加賀のうつろな表情から、何かを読み取るのは難しい。というより、彼女にはそもそも内面があるのかといった疑問が生じ始めるのだ。

この疑問は、外人とのことのあと、港近辺で加藤とダンスを踊り、そのまま加藤を海に落とし、さも何もなかったかのように、街を歩き出すシーンの言いようのない味気無さ、無味乾燥ぶりにも象徴される。ユカは男につくすのに、内面は空っぽだったのかもしれない。そう考えると、本作の恐ろしさが、まるで女性の怖さに直結するようなリアルさをもって、わが身に迫ってくる。

加賀は、自分の部屋、ホテルなどで男とセックスをするが、なかでは冒頭のタイトル前の赤灯台での中尾とのセックス(本当にあったと仮定してだが)が、もっとも興奮を覚えたのではないだろうか。なぜなら、中尾をつかまえて、加藤の家の近くの地べたで、いきなりセックスを強要するシーンがあったからだ。

官能とは、彼女にあっては、肉体と精神の解放を意味したかもしれない。とともに、それは内面性の空虚さから来ていたとも言える。それを類推してみると、加賀の女優としての魅力の大きな一端は、外見の華やかで可愛い風貌と矛盾しない、内面の空虚さが担っているような気がしてならないのである。

『月曜日のユカ』が、加賀の代表作たるゆえんである。

獣の戯れ

一九六四年、大映

若尾文子の代表作の一本である。三島由紀夫原作の映画化作品に若尾が出演するのは、本作一本のみ。谷崎潤一郎の五本に比べて圧倒的に少ない。それは、三島原作の抽象性より、谷崎原作の具象的な作風のほうが、彼女には演じやすかったからではないだろうか。

だが、三島原作の本作の若尾にも、タイトルどおりに、獣(けだもの)の匂いが染みついていて、谷崎原作に劣らない卓抜な演技力を見せていた。それは、愛と性の官能性を表現しうる女優の資質の面において、彼女が天賦の才能をもっていたからに他ならない。人間の内面に込められた獣性の猛々しさと、外面のしとやかで気品のある風情が矛盾しない若尾の特権的な資質は、本作で大きく開花したのである。

冒頭、船に乗って、伊豆諸島のある島に向かう若者・伊藤孝雄(これほど若い伊藤も、あまり見られない)が写し出される。太陽を燦々と浴び、彼の「この太陽と、あの太陽が同じものとはとても思えない」という、いかにも三島由紀夫の原作らしいセリフから、映画は始まる。

待っているのは、着物姿の若尾文子だが、画面は「あの太陽」の情景に一気に移る。「あの太陽」とは、伊藤が刑務所から見た太陽である。彼は、アルバイト先の陶器店の社長・河津清三郎の妻・若尾に岡惚れし、河津を殺《あや》めて、刑務所に入れられていたのだ。なぜ、殺めたのか。なぜ、刑務所から出所した伊藤を、被害者の妻である若尾が待っているのか。その奇態な三角関係が、伊藤が刑務所に行く前と後に分かれた形で描かれていく

『獣の戯れ』 1964年製作 © KADOKAWA1964

監督・富本壮吉、脚本・舟橋和郎、撮影・宗川信夫、音楽・入野義郎、出演・若尾文子、伊藤孝雄、河津清三郎、三島雅夫

のである。

伊藤が、花器をもって若尾のところに行き、二人に何かあると踏んだ河津が、彼をバーに連れて行くシーンがある。三島的な風変わりな会話を続ける河津は、隣に座ったバーの女の胸をいきなり前触れなしに、ギュッと揉む(触るより、揉む感じ)。ここは、ドキリとさせられる。服から上部を露出させた女の胸を、何も言わず揉むのだ。この唐突にして大胆な揉み方は、かなり異様で、私は今まで映画で観たことはない。

胸揉みの衝撃度は、河津の愛人であるハーフのストリッパーの踊りのシーンにつながる。乳首に何かつけただけの胸の露出と色黒の弾力ある肉体は、エロのサービスカットとしては、まずまずである。河津は、妻より数段頭は悪いが、この女にはいいところがあると言う。獣の性を暗示しているのだが、それは精神性を介在させない似非獣性とでも言えるものであった。獣の戯れは、もっと深く別のところにある。

二人に特別な感情を抱きつつあった伊藤は、若尾と一緒に河津と愛人がいるアパートに向かう。この場面は、愛人の存在が全く無視され、若尾、河津、伊藤の精神的な三角関係こそが、本作の主要なテーマであることを示す。

　夫の浮気に無関心なようでいた若尾は、ここで泣き叫ぶのだ。その姿を見て、嫉妬やらが入り混じって怒り狂った伊藤は、河津の頭をスパナーで殴りつける。三角関係がいよいよ本領に入って行くシーンで、この惨劇こそ本作の主題、つまるところ「獣の戯れ」の序章なのであった。

　伊藤が仙台の刑務所に行き、出てきて島に向かうのが、冒頭のシーンだ。若尾と、脳をやられてヨイヨイになった河津は、島の別荘のようなところで暮らしている。伊藤は早速、若尾が風呂場で河津の裸にパウダーをつけるところを目撃する。

　このパウダーは、性の装飾品だ。不能になったとみられる河津の肉体を、パウダーだらけにしていく若尾は、その行為自体がまるで性の代用品でもあるかのようにみえた。夫が伊藤にも一緒にお風呂に入らないかと言っていると、もったいぶった挑発をする若尾は、ちょっと悪魔的な風貌になってきている。

　伊藤は、島に一時帰省してきた女と関係をもつが、ここで彼が童貞だということがわかる。父が妾を家に入れ、実母と一緒に暮していたという淫蕩な血を受け継いでいる。これが、彼を悩ませ、潔癖症にしていたのである。この潔癖症と、三角関係から生まれていく獣性の戯れへの進み具合。この狭間で罪まで犯し、出所後も新たな獣的な共同生活を送る伊藤は、若尾の挑発にもはやがんじがらめとなる。

　さきの女と関係をもって、いささか自信がついた伊藤が蚊帳のなかにいて、そこに若尾がやって来るシーンは、本作の官能描写がもっとも際立つところである。伊藤はランニング姿で汗をかいている。蚊帳の外から寝巻き姿の若尾が近寄り、蚊帳越しに会話をする二人。蚊帳を介した話し声と、そこから続く二人の行為が、とても官能的なのだ。蚊がいるから蚊帳の中へ入れと言う伊籐に、外にいても、蚊が嫌っているみたい（だから大丈夫)と拒否する若尾。

そこから若尾は伊藤に接近し、汗にまみれた彼の体を、「黒んぼみたいな匂い」「好きよ」と言うのである。断固としてなかに入らない若尾は、その言葉が起点になったかのように、伊藤のほうに顔を近づけ、蚊帳を介して、二人はちょうど頬をくっつけ合う格好になる。キスはしない。二人は、目を閉じていく。

恍惚の表情を浮かべる若尾に顕著なように、この場面は蚊帳を介した顔の接触が、性の官能性を引き立てるように描かれ、大きな見せ場になっていた。しかもあろうことか、ここに河津が現れ、気づいた二人は一気に離れるのである。河津には、何の狙いがあったのか、結果的には二人の愛撫を中断させたのだった。

だが、若尾の獣性は、別のところにあった。彼女はここで、一気に蚊帳のなかに入り込もうとして、伊藤を驚かせるのだ。どうやら二人の性行為を、河津に見せつけようというのである。呆気にとられた伊藤は、生来の潔癖症から、蚊帳に入ろうとする若尾を、今度は彼が断固拒否してしまう。千載一遇のチャンスを逃がした伊藤に、若尾が言い放つ。これは、本作のもっとも悩ましくも、変態性が極まる名セリフである。

「弱虫ね」。

河津も河津だ。ヨチヨチ歩きの河津は、何と伊藤の横の部屋で寝たいと言い出す。結局、若尾と河津は隣の部屋に居座り、位置的に横になる伊藤は、いたたまれなくなる。若尾は、今にも伊藤のところに行って、性行為をしかねない雰囲気をかもす。彼女の目が怪しいのだ。別のシーンでも、この二間の構図は続き、若尾の目がその都度、強烈な変態性を漂わせて光るのを見逃してはいけない。

若尾の獣性は、「黒んぼみたいな匂い」から、一気に燃え上がったようだ。河津が、黒人とのハーフとおぼしき女を可愛がったのと同じである。黒の匂い(と、おそらく黒の肉体)に欲情するのだ。三島原作の意図したものはともかく、若尾の内面に隠された獣性こそ、河津がもっとも恐れていたものと同時に、望んでいたものであったと思う。だから、それを直接的に感じさせるのではない若尾の気品が、河津のみならず、画面を観る側にとっても、えも言えぬエロティックな誘い水に感じられてくるのである。

伊藤は、この二人の肉体と精神の変態性に翻弄される。とくに、内面の底知れなさが、伊藤を悩ませると言っていい。その引き裂かれ方の深甚さのなかに、三島原作のエッセンスがあるのやも知れぬ。

若尾と同じく、河津清三郎にとっても、代表作の一本である。社会の仕組みを熟知したダンディー中年ぶりの前半から、落ちぶれたしがないヨボヨボ老人の後半まで、ヤクザ映画などの堂々たる親分をイメージしている人からしたら、驚くような演技と風体であった。俳優でいえば、宗教師の加藤嘉、坊主の三島雅夫が、実に風格ある脇役ぶりであったことも付け加えておきたい。

赤い殺意

一九六四年、日活

主演の春川ますみに惚れ、彼女を抱きしめたくなる作品である。映画女優的な美形さとは程遠い容貌の春川が、大手の映画会社の作品で堂々と主演を張ったこと自体、全く稀有な事態だ。

春川は、空前絶後のヒロインを演じる。手っ取り早くいえば、本作は春川が強姦されるのに、めげない物語である。否、めげないどころか、いつでも気の抜けた現実離れしたような所作でもって、悲劇をひっくり返してみせる。春川のときとして可愛く見えないこともないもっさりした顔と、豊満な肉体が、その際の武器だ。とくに重要となるのは、本人が無意識で放つ笑いの要素である。

強姦されたあとの日々、犯人が何度も現れる過程で、彼女はその都度困惑の表情を浮かべはする。だが、まさにその都度、緊張の糸がぷっつりと切れたかのような茫洋とした時間の過し方をする。監督独特の笑いの描写が、春川に投与されているからで、それが彼女の本質を露にするように描かれる。これは、人の人格や精神性をはがし、笑いによって悲劇＝現実をねじふせようという壮大な企みの作品である。

東北、仙台あたりが舞台だ。国鉄(当時)仙台駅のシーンから、特異なロケーション撮影が始まる。群集のなかに登場人物を混在させて撮影する今村スタイルである。春川の夫である図書館勤務の西村晃が、出張に出かける。そばにいる息子の少年は、ちょっと体形がおかしい。一人になった春川の家に、強姦魔の露木茂が押し入る。金が目当てだが、春川の豊満な肉体を見て性的な刺激を受ける。

並行して描かれるのが、仙台からはそれほど遠くはない田舎の村だ。跡取りである西村の裕福な

『赤い殺意』 © 日活

監督・今村昌平、脚本・長谷部慶次、今村昌平、撮影・姫田眞左久、音楽・黛敏郎、出演・春川ますみ、露口茂、西村晃、楠侑子

農家に、曰くありの少女が引き取られる。後年の春川だ。何年かが経ち、病気がちな西村は、看病に来た春川に手を出す。その後結婚した二人は、間近に鉄道が走る家に住んでいて、さきの露口の侵入を許すのである。西村には、同僚である楠侑子の愛人がいる。本作は、春川、西村、露口、楠の四人が繰り広げる性愛の映画だと言っていい。

強姦シーンは、大いなる見せ場になっている。露口が春川を縛って寝かせ、金を探しているとき、傘ありのソケットが後方で揺れる。露口が後ろを振り返ると、その灯りの揺れ動きで、うつぶせになった春川の大きな尻を包んだパンティーが丸写しになる。露木は興奮する。この描写の発想が素晴らしいのだ。

部屋は暗いから、灯りの揺れ動きがなければ、それは見えない。ソケットの動きに合わせ、明るくなったときに、パンティーが露出する。このソケットから、露木の目的が、金から女に変わるのだ。露木は、行為が終わってから、目から涙を流す。春川の肉体の味があまりによく、興奮の末の涙なのだ。こうした演出も、あまり観たことはない。

ことの最中、『赤線地帯』を思わせるような黛敏郎の不気味な音楽とともに、蚕の幼虫を太股に乗せてはわせ、性の喜びを見出す少女時代(春川の)の姿が現れる。強姦のシーンに、かつての性への入り口らしき描写が挟まれるとは、何とも強烈である。これと同じシーンが、ラストで田舎に戻った春川にも付与されている。性(的な惑溺)が勝利するといった単純な構図ではない。性は、全くもって計り知れないものとして、その深さと恐ろしさが描かれるのである。

露口が去ったあとは、春川の独壇場である。素っ裸(大きな尻が見える)になって水を浴び、「死なねば」と言う。この「死なねば」の東北弁の響きが、本作の重要な主調音になる。その後、何度も登場するユーモラスな東北弁の独白が、彼女の悲劇を絶えずひっくり返すように描かれるからである。

こんなシーンにも、大笑いさせられる。寝ている西村に、春川は引き寄せられる。布団にもぐり、春川が胸を揉まれるシーン(カメラは、布団が上になって重なった二人を頭のほうから撮っている)で、春川が「おとうちゃん」と言うと、西村が「おかあちゃん」と返す。このバカバカしさは、ちょっと想像を絶する。

それまで、西村は大真面目に、春川にかなり威圧的な素振りを見せ続けてきただけに、いきなり「おかあちゃん」はないだろうと思わせるが、これがおかしいのだ。生真面目な描写が、いきなり反転していく数々の笑いのシーンこそ、本作の大いなる魅力だと言っていい。

さらに、列車のなかで、露口が春川を追いつめていく長いシーンは映画史上に残る。松島駅で待つ春川を追ってきた露口は、列車内を走る春川を追い続ける。カメラは、左に移動する列車に合わせ、プラットホーム側から回っている。最後尾まで行く二人。左に動く列車のなかを画面右に走っていく二人を追う姫田眞左久のカメラが全くスムーズな動きで、惚れ惚れとさせられる。

列車がプラットホームを出ると、カメラは列車の真後ろに回る。後ろ側が、がらんどうのようになっていて、ここで二人の姿がはっきりとらえられる。続いて車内のシーンに移るが、春川が露木に落とされそうになるシーンには度肝を抜かれる。本当に、落ちそうなのだ。驚くべき演出で、それは狂気と紙一重である。合間には列車を後ろから撮るシーンや、カメラを車内に据え付けて撮るシーンなど、実にダイナミックな描写が続く。

二人をとことん追いこんでいくサディズム的な一連の描写に、露木の春川への性への強烈なこだわりが重なってくるところがミソなのだ。露口の女へのこだわりの強さが、男女の修羅場を描く映像のダイナミズムに集約されているように見えてくる。

このシーンの最後で、カメラは春川が立ちすくむ列車の最後尾を写す。ここで名セリフが登場する。「よし、こうなったらきょうこそ話をつけよう。かえって、いい機会なんだ。この機会ば、逃したらいけない」。

こう書いても、あまりピンとこないかもしれないが、春川のいささか間の抜けた東北弁で話されると、大笑いということになる。何度も言うが、大真面目な迫力描写が、一気に反転する瞬間である。この緩急自在な描写と、ふざけた独白セリフの混ざり合いは、性の深淵を描くかに見える本作の重厚な意味が、一時的に棚上げされてしまうかのような印象をもつ。

西村の愛人となる楠侑子が登場する各シーンでも、何とも言いようのないバカバカしさが充満する。ともに、妙な官能の気配もあたりに立ち込める。いきなり、度が強そうなメガネで春川の前に現れたときは、冗談かと思った。このメガネ女が、人のいない図書館では、西村と堂々と濃厚なキスをして、全く動じない。

そのときの描写が面白い。西村は、楠からメガネをとってキスし、そのあと何と口を拭く。何気ないキスのシーンが、とてもいかがわしく映る。この度の強いメガネをした痩せぎすの楠がまき散らす妖艶な色気が、春川のデブッとした肉体のエロと好対照で、本作の官能描写が並外れたものであることが知れる。楠の部屋には、二人の写真が何枚か貼ってあり、それを写したカメラが下に動くと、二人の濃厚なキス場面が現れる。このカメラのなだらかな動きに、ゾクッとするような官能性がある。

春川と露木が道路を歩いている下方の画面で、右側からいきなり楠の上半身がぬっと登場するバカバカしいシーンも用意されている。度が強いメガネと楠の組み合わせ自体がおかしいのだが、それ以上に、西村のために春川と露木の逢引を追っかける楠の行動が、すべてズッコケているのだ。楠のズッコケも、明らかに西村の性の虜になっているところから発せられていて、性と人間存在のズレが、恐ろしいまでに浮き彫りになっているのである。

露木のせっぱつまったセックスの強要より、春川と西村の夫婦の性行為のほうが、よっぽどえげつないことも指摘しておきたい。えげつないとは、官能の度合いが高いということである。布団の中に誘い込むときの西村の嫌らしさが、天下一品である。彼の強い性欲が春川に伝播し、春川もまた、操られたように彼を受け入れていく。この兼ね合いが、官能の色を濃くするのだろう。

えげつないといえば、屋根裏部屋のようなところに押し込まれている若いときの春川が、近くの青年の小沢昭一に夜這いをかけられるシーンがエロそのものである。スリップ姿で畳みに座るこのときの春川のエロ全開ぶりは、生殖器が丸出しになっているようで、官能の嵐が吹き荒れる。

ラスト、春川は田舎の生活に戻る。近くでは、女たちの編物教室が開かれている。彼女に、平穏な日常が訪れるのだろうか。否、全くそうはならないであろう。蚕の幼虫を足にはべらし、性への貪欲さを見せる春川の行く手には、さらに無気味な性の荒野が、赤い舌をペロペロ出して、その時を待っているのではないか。『赤い殺意』は、官能とエロとサスペンスとユーモアが、渾然一体となって、映画史に燦然と輝く最強のヒロイン映画となりえたのである。

悪女

一九六四年、東映

小川真由美（現・小川眞由美）と緑魔子共演の東映作品は、『二匹の牝犬』（六四年）に続いて、これが二本目である。『女体』の項でも指摘したように、これは当時絶頂期を迎えたピンク映画の興行面における大きな影響が考えられる。バラつきはあるとしても、大手の会社は官能・エロ映画の製作を積極的に推し進めたピーク時が、六四年あたりということになろうか。『悪女』も、その系列に入ると推測される。

中身的には、小川真由美の『家政婦は見た』である。家政婦紹介所にいる小川は、まだ新米という設定だ。市原悦子版『家政婦は見た』の野村昭子と似た役を杉村春子が演じて、貫禄を出している。同僚には、喜劇的なイメージが強い若水ヤエ子がいる。『二匹の牝犬』のトルコ（現・ソープランド）嬢も良かったが、今回もなかなかいい。外国人に人気だと、杉村に不思議がられるシーンもある。若水のイメージを変えないといけない。

小川の田舎娘ぶりが絶品だ。東北弁のセリフ回し、くるくる変わる素朴な表情、大きく下品な笑い声。当時、演劇畑での活躍はあったにしても、東映の主演二作目にしての全く堂々たる演技ぶりはたいしたものである。そんな田舎娘の彼女が、いかに悪女になったか。実は、本作の彼女は、世間で言われるような「悪女」とは違っていた。

女中として、小川が向かったのは、心臓が悪い三津田健、後妻の高千穂ひづる、長男の梅宮辰夫、長女の緑魔子、婆やの浦辺粂子らが住まうブルジョア一家だ。この家族の配役は、なかなかの面子だろう。なかでは、わがまま放題の緑のブルジョア娘の役柄、演技に驚かされる。田舎娘ぶりが、全く堂に入っていた『二匹の牝犬』の役柄と真逆であったからだ。

その緑に早速、素晴らしいシーンが用意されていた。風呂で全裸になるシーンがあり、緑の後姿が堂々と写されるのである。驚いたのは、痩せっぽちだと思っていた緑の肉体が、意外や筋肉質で、尻の張り具合が見事だったことだ。少し右を向き、小ぶりな乳房が若干見えるところもあるが、目がいくのは尻の部分であった。

吹替えの可能性もあるが、これは緑の裸だと判断する。というのは、あとになって、白のピッタリしたパンツ(パンティーではない)姿の後ろ向きのシーンがあり、その尻の形が風呂場で見せる尻の感じとだいたい同じだったからである。ゆえに、緑に吹替えはないと判断したい。どうでもいいことかもしれないが、裸の吹替え云々は、大手の映画会社の官能・エロ映画に〝騙されない〟ためにも、とても重要なのである。

ところで、『女体』の団令子、『徳川セックス禁止令　色情大名』の三原葉子、それに本作の緑魔子を加えた三女優は、日本の映画史上における三大お尻名シーンを登場させたことでも知られる(私のみであるが)。『逆光線』の北原三枝は、形は最高であるが、水着を着ていたので、残念ながら除かざるをえない。

尻は、それぞれのシチュエーション、形によって、エロ度や意味がまるで違ってくる。尻はそれ自体が、ときとして、映画全体を食ってしまうほどの威力を発揮すると、余人は知らず、私は思うしだいである(思うのは自由である)。

本作は、尻ばかりではない。緑は目の動きが素晴らしいのだ。アップの多用から、ぱっちりとした目が強烈に画面に行きわたり、そこにとても強い意思が現れる。『二匹の牝犬』でのおどおどした感じとはまるで別人で、ひょっとして悪女は、小川より緑ではないかと思わせるかのような奔放ささえうかがわせる。

小川の演技は、前半部分の型破りな田舎娘ぶりが、緑に大人数の前でいたぶられ、梅宮に強姦されたあたりから、徐々に変質を強いられる。トラック運転手の北村和夫との意外な組み合わせのラブシーンにホッとさせられるも、梅宮との関係から妊娠したと知った北村が彼女に見せた態度は、非情なものだった。彼は彼女を土間に突き落とし、彼女は転げ回る。

『悪女』 © 東映

監督・渡邊祐介、脚本・下飯坂菊馬、渡邊祐介、撮影・西川庄衛、音楽・伊部晴美、出演・小川真由美、緑魔子、北村和夫、悠木千帆

かつて小川は売春婦をしていて、そこで知り合ったのが北村だった。彼は彼女の素性を知っていたが、妊娠が許せなかった。そのときの荒っぽい態度によって、小川の屈辱は最高潮に達する。ウブな田舎娘は、現実の過酷さの前に、素朴な物言いや性格を変えられてしまうのだ。ちなみに売春婦仲間に、可愛い悠木千帆（現・樹木希林）の姿が見えるのは、当時はいざ知らず、今ならご愛嬌である。

残念ながら、本作の小川には、それほどエロっぽいシーンはない。『二匹の牝犬』に、汚いアパートに帰り、一日の疲れを癒すようにスリップ姿のまま、ベッドに横たわる場面があった。まるで、若い娘のリアルな日常を隠し撮りしたかのような生々しさがあり、感心したものだが、その官能度からすると、本作はその部分がいささか弱い。

だがラスト、梅宮にモーターボートから突き落とされ、死んだかと思いきや、梅宮の前に濡れた下着姿で現れる場面は、ゾッとするくらいすごみと色気があった。愛していないのは、湖のところでわかったと言い、「バカ野郎」と小さな声で続け、猟銃を梅宮にぶっ放すときの濡れ雑巾のような小川の迫力は、並みのものではない。

小川真由美と緑魔子。このコンビが、六四年という大手映画会社の過渡期の時代に、東映の作品に出現したことは記憶しておきたい。『二匹の牝犬』ともども、二人の演技のうまさに感心する。二作品とも、まるで異なった演技の質を見せ、それが二人の以後の活躍を約束させた感がある。

監督の渡邊祐介は、新東宝から東映に活動の拠点を移す過程で、一段と達者な演出ぶりを見せている。新東宝時代は、女優の個性がそれほど強くないので、いささか大人しい演出ぶりにも見えたが、東映で小川、緑を使いこなす渡邊は、まるで恰好の獲物を得たかのように、活きが良くなっていた。

卍（まんじ）……一九六四年、大映

谷崎潤一郎の原作を、増村保造が初めて監督した作品である。レズビアン映画の最高峰にして、岸田今日子の代表作だと思う。日本の映画史上稀にみる個性の持ち主である岸田今日子という女優の魅力が、増村演出により最後の一滴まで絞り出されているかのような幸福感を味わうことができる。

映画は、着物姿の岸田の首筋をとらえ、彼女が画面のほうに斜めに顔を向けるシーンから始まる。原作者の谷崎とおぼしき三津田健相手に、京都弁で喋り続けていくのだが、その京都弁のからみつくような独特の声のアクセントに、全く震えるような興奮をおぼえる。ここに、山内正の哀感漂う曲が流れ、この時点で私は涙さえ催した。それほど、この冒頭シーンの岸田の演技は圧巻なのである。

彼女の見開いた目、柔らかな体の動きと、京都弁の響き。そこから、本作における官能の序曲が聞こえてくる。その後の岸田は、ただ登場するだけで、存在そのものが官能の局地と化しているような妖艶さを放つ。ほとんどのシーンで、発情しているのではないかと思わせる、しなだれかかるような動作と、とろけてしまいそうな声でもって、愛する相手の若尾文子に接する。

絵画を学ぶ学校で、レズ関係が評判になった岸田と若尾の二人が、夫がいない岸田の家で密会をするシーンがある。若尾の裸を見せてくれと言う岸田に、シーツをはおった若尾が、少しずつ裸を見せていく。岸田は、目の色を変えたような興奮をおぼえ、じっくりと若尾の裸を見る。例によって、吹替えのシーンもあると思われるが、そんなことは関係ない。岸田が繰り出していく一連のセリフのすごさには、全く驚きを禁じえない。

　岸田「はよ、見せてほしいわ」あたりから始まり、若尾がシーツを介しつつ、裸を露出し始めると、目を見開きじっくり眺めて、「あんた、きれいな体してんな。あんた、そないにきれいやのに、何で今まで隠してたん」「あんまりやわ、あんまりやわ」。若尾が思わず「いや、あんた、どないしたん」と言うや、「うち、あんまりきれいなもん見たりしてたら、感激して涙出てくんね」。

　このあと、もっと見たいと攻撃的になる岸田の要求に、こわごわ応える若尾は、シーツを取り、両手を広げて全裸の体を見せる。岸田の声が頂点を迎える。「あー、憎たらしい。こんなきれいな体してて。うち、あんた殺してやりたい」に、堪忍したかのように若尾も、「殺して、殺して。うち、あんたに殺されたい」と思わず口走ってしまうのである。

　長々と二人のセリフを書きとめてきたのは、こ

『卍』 1964年製作 © KADOKAWA1964

監督・増村保造、脚本・新藤兼人、撮影・小林節雄、音楽・山内正、出演・若尾文子、岸田今日子、船越英二、三津田健

こは本作のもっとも官能的な高揚感があふれる場面であるとともに、岸田の異様なセリフの連なりこそ、本作の特異な官能表現の震源地であることを示す意味が強いからだ。

重要なのは、岸田のセリフ回しのイントネーションである。ビブラートがかかっているかのように、声が打ち震えたような感じがあって、若尾の「きれいな」裸の描写より、岸田の興奮する声のトーンのほうが、官能的になるという逆立した表現になっている。これが、本作の異様にして、もっとも見応え、聞き応えのある素晴らしい場面なのである。

官能性とは、描写の映像的な側面から当然生まれるわけだが、本作の場合は、岸田の震える声が官能を呼び起こす。ときに目を大きく開け、口も開けた感じになり、ちょっと呆けたような岸田の興奮ぶりが声に現れ、それが映像に伝播して官能性に至る。声そのものが、官能なのである。

若尾の男の恋人・川津祐介が登場し、実は悪辣なこの男が、若尾を動かしていたことが岸田に知れる。だから束の間、夫の船越英二とよりを戻すのだが、この二人のやりとりは、聞きようによっては、喜劇と化すのだ。岸田が、それまで邪険にしていた船越に抱きつくので、船越は「お前は極端から極端だな」と言い放つおかしさと言ったらない。

まさに、この極端から極端への描写が、後年の大映テレビの突拍子もない作品カラーの原点とも言えるほど、妙なおかしみがあり、実は映画全体をちょっと冷静に見てみれば、喜劇的な要素は至るところに点在しているのである。それはまた、興味深いテーマではあろうが、本著の主眼は官能である。

さて一方の若尾にとっても、いくつもの性的な場面が用意されているが、もっとも官能的だったのは、実は岸田との〝濡れ場〟ではない。恋人の川津とのからみのシーンで、ブラジャーとパンティーだけになり、あわや乳首が露出するのではと、大いに期待させる場面だ。このシーンほど、若尾の胸の大きさが強調された作品は、他にあっただろうか。

肉体の厚味が、全く申し分なく、川津にしっかり胸を揉まれたりしている。岸田に見られる肉体としてあった若尾が、ここでは堂々と自身が主張する肉体に変貌していて、実にまっとうな官能性が露になっているのだ。岸田からの受身的な役柄をひっくり返しているかのようで、ここで若尾はその開けっぴろげで奔放な姿態のままに、自身の肉体の自由さ、官能を満喫しているようにも見えた。

その川津の策謀から、にっちもさっちもいかなくなった二人は、船越も道連れとしながら、死への傾斜を進めていく。ラスト近く、本当の死を意味する「殺して」という言葉を岸田は言う。「ええ、殺して」と若尾もいともあっさりと言うのだが、この「殺して」という語が、二人が体を見せ合うさきの官能描写においても、別の意味として、明言されていることを見過ごしてはいけない。官能と死は結びついている。この両者は、谷崎文学と増村演出が親和性をもちつつ混ざり合う、本作の主題的な終結地点であろう。

この作品には、谷崎的な話の展開として、死を介在させる仏教的な観音様の描写がある。冒頭で、若尾を想像して岸田が描いた絵が、それだ。ラストで三人は、観音様の前で、手を合わせ死への道を歩もうとする。

ここで仏教と死というテーマの深堀はしないが、岸田の数々の官能的な言葉が、まるで御経のように聞こえてくることだけは指摘しておこう。その岸田の話を、静かに聞いているのが、劇中に何遍も登場する谷崎とおぼしき三津田健である。原作の谷崎も監督の増村も、言葉のもつ官能性を、よく熟知していたに違いあるまい。

女体

一九六四年、東宝

本作が公開された一九六四年という年は、大手映画会社や監督、及び女優にとって、いったいどんな意味をもっていたのだろうか。本著で取り上げた作品も、年別で見てみれば、六四年がもっとも多い。その理由は、映画産業が雪崩をうって坂を転げ落ちようとしている時代相を考えないと、つかむことはできない。

とともに、斜陽の映画産業を、その枠組みの最下層から押し上げてくるかのような力をもったピンク映画の活況も考慮する必要がある。六二年から始まり、六三年、六四年の時点で大きなムーブメントとなっていたピンク映画は、危機的な大手の産業的な枠組みを、ひっくり返すかのような力をもったと思う。性的な映画で、観客を惹きつける。それまでも明快にあったそのような要素を、ピンク映画は全く別のシステムで〝産業化〟してみせた。

大手は観客減が顕著になり、ピンク映画は根強い支持を受けていく。大手が、製作の基軸に性的な要素を存分に織り込んだ作品に歩み寄るのは、まさに必然であった。大手の逼迫感は、多くの観客(もちろん、当時のことなので、大方は男性に絞られる)を取り込むことの大きな選択肢として、性的な作品を編成の一つの軸にしていく必要があっただろう。

六四年は、東京五輪が迫るなか、その昂揚感と高度経済成長のひずみがからみ合った特別な時代であったことも忘れてはならない。そのひずみは、六〇年代末に大きな波となる学生運動に結実していくが、映画人もまた、その時代のうねりに鈍感でいられるはずがない。性的要素のなかに、時代と格闘する映画人たちの熱い製作意欲も加味され、映画は異様な活気をもちつつあったと言っていいのではあるまいか。

六四年という時代は、映画表現に大いなる変革の試練とチャンスを与えたのだ。産業の危機、ピンク映画の台頭、時代の変化。その狭間で、大手の映画会社と監督、及び俳優たちは、もがき苦しんだことだろう。六四年に、映画史を揺り動かす何本かの鬼気迫る作品が生まれたのは、そのような事態がからみ合ったためだと私は思っている。

大手の危機意識は、性的な作品から、もっとも縁遠いとみられていた東宝にも及んだことで、影響力は甚大であった。その代表的な作品の一本が、この『女体』であったことは、監督の恩地日出夫が、時代への危機感と、表現に向けた尽きぬ貪欲さの点において、東宝のなかで抜きん出ていたからではなかろうか。

本作の団令子は、神がかっているのである。団令子といえば、あの丸っこい顔で、明るい笑顔を振りまく、いかにも東宝出身といった雰囲気をもつ元気一杯な女優だ。「お姐ちゃん」シリーズや「若大将」シリーズに、そのようなイメージがうかがえるのだが、本作の団にそれは通用しない。

田村泰次郎の『肉体の門』と『埴輪の女』が原作となっている。冒頭、映画公開の六四年あたりの時代を背景に、団令子が痩せて老けた感じの着物姿で街に登場してくるのに、いささか唖然とさせられる。その憔悴した印象が、さきのような明るい団の個性と全く違っていたからである。彼女こそ、『肉体の門』でよく知られる主人公ボルネオマヤであった。

彼女は、デパートで、かつての売春〝仲間〟である楠侑子とばったり会う。楠は、派手な洋服を着ており、いかにも裕福なマダムという感じだ。外人の妾になっていた。だが、楠は、まっとうな生活を送っているように見える団に嫉妬しているのだった。

終戦直後の売春婦たちの話に、それから十八年経った六四年ごろの団と夫との話を加えた構成を

『女体』 ©TOHO CO.,LTD.

監督・恩地日出夫、脚本・恩地日出夫、撮影・内海正治、音楽・武満徹、出演・団令子、南原宏治、坂本スミ子、楠侑子

もつ(だから、田村の原作は二作品ある)。冒頭で高度経済成長ただなかの東京の様子を見せ、それと対照的に一気に一九四六年の戦後の東京に移る展開が、実に鮮やかだ。戦後の描写では、髪を振り乱した恰好の野性的な団の素晴らしい姿が、いきなり飛び込んでくる。

洞窟のようなところで、団ら売春婦は生活しているのだが、団が大きめのパンティーを脱ぎ、可愛いお尻が丸見えになるシーンがある。もし吹替えでないとするなら、これは度肝を抜くシーンであり、ちょっとした衝撃を伴う。尻の露出に意表をついたような唐突感があるので、以降話が進んでも、このときの描写があとあと尾を引くほど、衝撃的なシーンになっていた。

戦場で生き残った南原宏治がこの集団に加わっていく過程で、驚くべき場面が待っていた。牛のあからさまな解体である。ここは映画史的に見ても、画期的だと思う。団、楠に加え、坂本スミ子らの売春婦が、牛を紐のようなものでくくりつけ、両サイドから暴れないように固定する。ここで南原が、牛の腹を割くのだが、これをカメラは堂々と真正面から撮っている。女優たちの顔の表情は、もはや演技を超え、実際に牛の解体を目撃するドキュメンタリーのような趣を呈す。

　実は、真の衝撃は、解体の本物感ではない。ここで、解体を凌ぐかのような驚くべき場面が登場するのだ。解体に手を貸す団が、たとえようのない表情で、何とベローンと舌を出すのである。これは、問答無用にすごいシーンで、団の顔からはちょっとした恍惚の風情さえうかがえた。

　いったい全体、どこまで演出の意図が、彼女に対してあったのだろうか。はたまた、それは団の即興で、ではなぜ舌のベローンだったのか。わからないことが多く、全く謎のシーンなのだが、だからこそ、ここは直接的な官能描写ではないにしても、普通の演出からはとうてい生まれようがない団のちょっと歪んだ表情から、どこか官能の匂いがしてくるのも事実なのであった。

　その後、時制がクロスする過程で、六四年あたりの時点の話のなか、足の悪い夫が、団の体を求めていく場面にハッとさせられる。まんざらでもない表情の団の胸をまさぐり、その気になった段階で、団は何と、南原との四六年時の愛欲の場面を思い出すのである。

　それは、団と南原が、ズブ濡れになってセックスしている最中のときの情景だった。戦後のどさくさの時代、仕事を離れた獣のようなセックスは、さきの牛の解体で見せた表情と、何らかの関係性があるようにも感じられ、それが十数年後も彼女の肉体に、得体の知れない官能の記憶の影を落としているのだった。

　有名なボルネオマヤの宙吊りのシーンは、本作の白眉だろう。仲間の売春婦たちにリンチを受ける団は裸で吊るされ、胸を露にさせられる。丸顔の笑顔、闊達、明るい団を知る者は、大いにハラハラさせられるが、性根ができている団からは、何とも神々しい雰囲気さえ漂う。

　以降、六四年あたりの時点に時制が移るにつれ、話的には停滞していく。ヤクザ稼業に身をやつした南原を介して、団と楠が対峙する。だがそれは、売春婦時代にあった、荒々しく混沌としがらも、生気がみなぎっていた生活ぶりとは、およそ真逆の腑抜けた人間模様だった。これは、経済成長真っ只中の日本が、すでにして活力を失いつつあり、戦後の一時期の熱狂とは、対照的な時代にさしかかったということであろうか。とともに、それは人間の官能的な営みからも、遥かに縁遠くなっていたことを示していた。

団令子は、この『女体』以降、一段と油が乗っていっておかしくなかった三十代の映画出演に、あまり精彩が見られない。『女体』の迫真演技が、彼女の女優としての桎梏になったかのような感じさえあり、それを考えると、ボルネオマヤの舌べローンが不吉な記号に見えてくる。ちなみに、本作と『甘い汗』は、二本立てで上映された。全く、東宝らしからぬ時代を象徴したようなスリリングな番組であった。

甘い汗

一九六四年、東宝

豊田四郎は、男女の恋愛劇のなかで、とくに愛と欲がからみつく作品で、一段と力量を発揮する監督である。『夫婦善哉』では、芸者の淡島千景を実に色っぽく撮った。老舗問屋のだらしない跡取り役を、過不足なく演じた森繁久彌の陰に隠れがちだが、クロウト筋が、長年の男関係から身につけたかのような淡島の色気なくして、森繁の絶品演技はなかった。それも、男女の奥の深い愛欲劇を、豊田が絞り出したからに他ならない。

『甘い汗』は、その『夫婦善哉』から九年後、京マチ子が四十歳のときの主演作である。映画では、三十六歳という設定で、十七歳の娘、桑野みゆきがいる。京と桑野が親子というだけで、妙にそそられるファンも多いだろう。京はバーの女給だ。母親、娘、兄と嫁らがいて、寝るのにも往生するような辺鄙な住居に住んでいる。映画は、京の男関係と、家族の暮らしぶりを並行して描いていく。

冒頭は、京ともう一人の女の激しいケンカのシーンだ。二人は女給同士で、男を取ったとか取られたとかの痴話喧嘩を展開する。ここで京は、年をとっていることをバカにされ、おっぱいも垂れ下がっていると、相手にののしられる。だが、京は負けてはいない。上半身ブラジャー姿になるや、胸の谷間を強調し、まんざらでもないだろと胸を誇示するのである。

これが、なかなか迫力ある胸であり、もちろん二十代のときの〝全盛期〟の胸とはいかないが、大きさは申し分ないので、相手も少し大人しくしてしまう。ちなみに、相手の女を演じたのは、痩せているのでよくわからないが、『仁義なき戦い』シリーズで、金子信雄の女房役をやった木村俊恵である。

　この冒頭の場面では、映画のいわゆる演出の〝掴み〟をやったのだろう。胸の誇示は、話の展開上の流れではあるが、明らかに観客にも誇示している。京は老いてはいない。全盛時とはまた異なったエロを全身で、観客に見せることができる。全体を通しても、本作の主眼は、そこにあると言っていい。それを冒頭近くでいきなりやることで、観客は早くも京の肉体が前面に出る作品だと認識する。

　バーで立場的に、にっちもさっちもいかなくなった彼女はそのあと、小沢昭一演じるバーテンに、小沢栄太郎の金持ちの中年男を紹介される。当然、小沢（昭一のほう）の魂胆は見え見えだ。彼の胡散臭さ漂う素振りが絶品である。女を虎視眈々と狙う小沢のもっとも得意とする役柄で、彼が登場した時点で、京と危ない関係になるのが、手にとるようにわかる仕掛けだ。

　案の定、紹介したあと、小沢は京の体を求めて接近していくのだが、そのときの彼女の逃げ具合

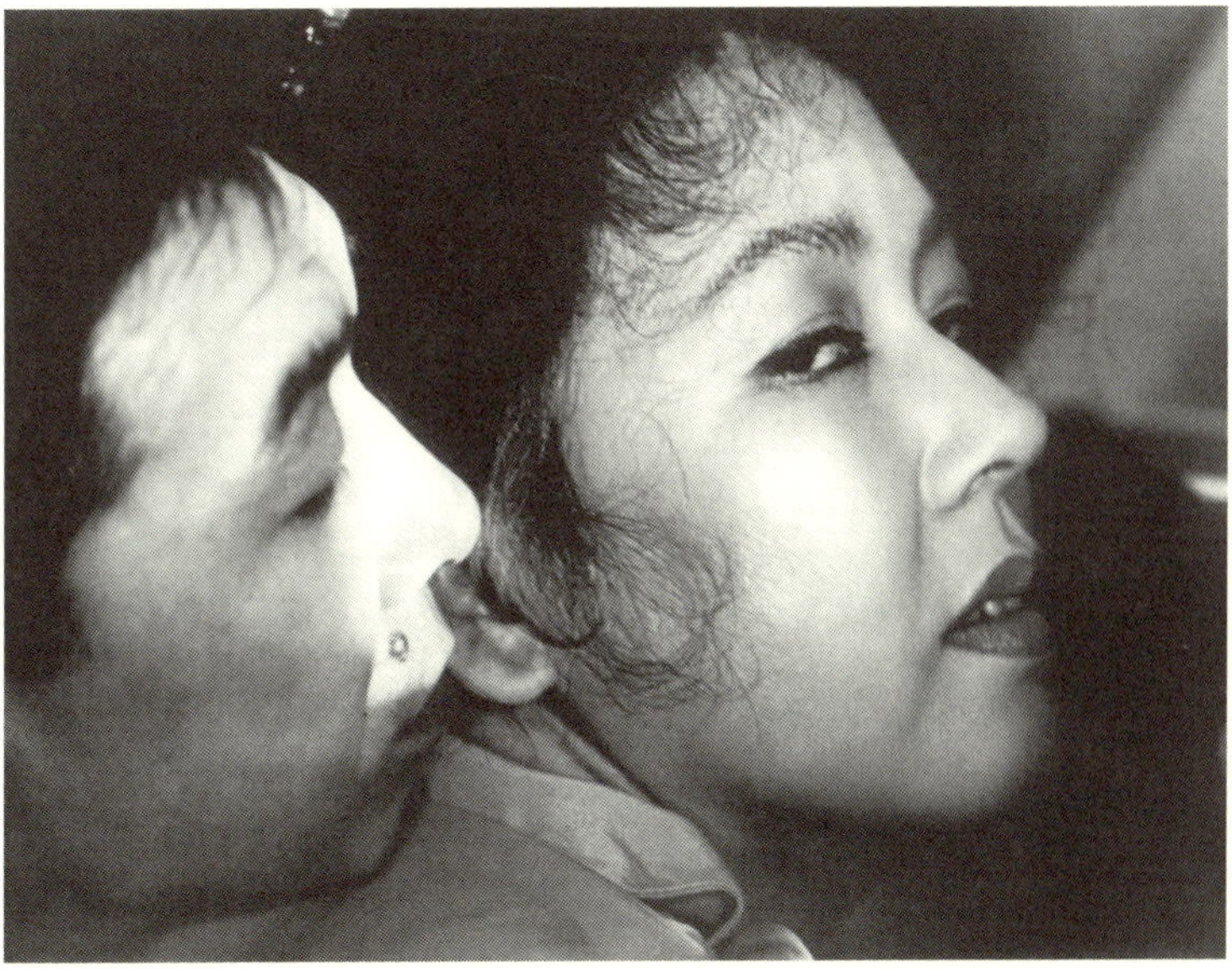

監督・豊田四郎、脚本・水木洋子、撮影・岡崎宏三、音楽・林光、出演・京マチ子、佐田啓二、桑野みゆき、山茶花究

が天下一品なのだった。プロの女は、迫る男をさえぎるとき、かくやと思えるような振り切り方で、これは豊田四郎の女を知りつくした演出と、それをすっと飲み込み、男への拒否の態度を、たゆたうような微妙な動作の綾として押し出すことができた京の卓抜な演技力の故だろう。

その京に、小沢は逃げられないような脅しをかけるのだが、そのとき振り向いて見せる瞬間の顔の変化が素晴らしい。嫌な男だが、身を任すかどうしようか。判断が決まっていない表情ながら、にもかかわらず、彼が紹介した金持ち小沢(栄太郎のほう)を逃したくない気持が見え見えなのである。

欲と打算がない混ぜになった、その言いようのない複雑な心境が表情に刻まれる。これは、とても難しい演技を要求される場面だ。小沢(昭一)が、その躊躇を見逃すわけがない。詰め寄るや背後から迫り、彼女の体をまさぐる。固くなってきたじゃないかと、乳房のことを言っているのか、ドキドキするような官能シーンが展開されようとするさなか、今はダメと言い募る彼女の必死の逃げ具合が抜群である。次回を期待する小沢は、京からいそいそと離れるが、獲物は逃がしたのだった。

豊田演出の真骨頂が、この場面に凝縮されている。ひっついたり離れたりする男女の奇怪極まる愛欲の描写が、本作の大きな見どころであり、ここはその最高のシーンになっている。『夫婦善哉』でもお馴染みの演出作法であり、それが『甘い汗』では一段と生々しく、官能的に描かれる。本作での小沢は脇役であるが、男女の愛欲の本質をもっとも体現した男の役回りで、京に接している。豊田が、力を入れたのは当然であろう。

ちなみに、小沢(栄太郎のほう)の前にすごすごと姿を現す京は、素性を隠してあまり男の経験がないようにふるまうのだが、これがまた、おどおどしつつも可愛らしく、京の別の面を見せた印象がある。うまいと、改めて思う。だがこれは、女をよく知る小沢(昭一)には通用しないおためごかしである。

以降、京の元・恋人の佐田啓二、佐田が騙すことになる朝鮮人の山茶花究らが、彼女の周りに現れる。やさぐれた感じの佐田が、なかなかいい味を出している。風采はいいが、底が見えない打算的な男で、女給の京が好みそうな男として、説得力がある。佐田としては、珍しくワルな雰囲気をもつが、残念ながら京とのからみでは、小沢の後塵を拝した。山茶花は、『夫婦善哉』で見せた小賢しさと、せこせこした感じが、本作でも健在だったが、京との接触の場では見せ場はなかった。

娘役の桑野みゆきは、代表作となった大島渚監督の『青春残酷物語』から四年経っているが、高校生役というのが、ちょっと年に似合わず残念であった。それと、二重瞼が異様にはっきりしているのも気になった。男に迫られる場面もあるが、その伸びやかな肢体には、もっと別の官能描写が欲しかった。ただこれは、豊田監督の視線が京に釘付けなのを逆に示すことにもなったと、私は思っている。

美しさと哀しみと

一九六五年、松竹

裸体に血がしたたる池田満寿夫の絵をバックにしたタイトル・ロールに、武満徹の荘重にして厳粛な趣をもつ音楽が鳴り響く。原作の川端康成、池田、武満の名前が並べば、本作の色合いはとたんに芸術性を帯びてくる。篠田正浩監督としては、『乾いた花』に次ぐ加賀まりことの〝コンビ〟二作目。本作もまた、加賀の妖艶さが光輝いている。

初老の作家・山村聡が、新幹線で京都に向かっているのが導入部だ。十二月二十九日のことで、昔の女に会いに行くのが目的である。女は、若くして山村の子を産んだが、生まれてすぐに死んだ。女は八千草薫が演じ、今は画家になっている。弟子が加賀。舞妓さんも居合わせ、山村、八千草、加賀らで大晦日の除夜の音を聴く冒頭近くのシーンあたりから、官能の幕が開き始める。

八千草と加賀はレズビアンの関係だ。加賀は、山村が八千草を愛人にしていたことを恨み、山村を憎む。復讐のために鎌倉の山村の家に行く過程で、二人の仲は緊密になる。山村の息子の山本圭も誘惑され、加賀がいる京都に向かう。ひとときを愛し合うが、二人が琵琶湖でモーターボートに乗ったあと、悲劇が起こるのである。ざっくりした話の展開がこれだが、本作の多くの見どころは、その筋自体にあるのではない。

加賀が、山村のことで、八千草に食って掛かるシーンがある。京都の日本家屋のなかで繰り広げられるちょっとした喧嘩のありさまが、二人がしっとりとした着物姿だということもあって、妙になまめかしい。さらに、ちょっと尖ったような口もとが愛くるしい加賀が、布団に入って、うなされている八千草を見ているシーンも、ドキドキ

『美しさと哀しみと』 写真提供/松竹

監督・篠田正浩、脚本・山田信夫、撮影・小林正雄、音楽・武満徹、出演・加賀まりこ、八千草薫、山村聰、山本圭

させられる。うなされる八千草が、なかなか色っぽいのだ。

部屋は暗い。加賀は間近に来て、八千草にキスをする。加賀は、嫌々をする八千草を押さえつけ、徐々に布団の下に手を伸ばし、下半身を愛撫していく。「先生の体、熱いわ」と言う加賀のくぐもった声が、セックスの入り口の言葉となる。嫌々をする八千草の慎みと、積極的な加賀の大胆さは、「熱いわ」の言葉のなかで、溶解していくかのようである。

加賀の訪問により、山村はその気になる。イルカショーを見たあと、山村と加賀はホテルに向かう。ホテルの風呂に入って出た山村は、加賀にも風呂を勧め、そのあと山村が彼女にキスをするシーンから、加賀の復讐が始まる。ただ、いくつかの加賀の行為に、他の映画の記憶が重なり合ってくる。その作品は、本作の前年に製作され、まごうことなき加賀の代表作『月曜日のユカ』であった。

キスが一段落するや、彼女は「もっと長くして」とせがむ。山村は「息がつまるよ」と思わず言ってしまい、「女のほうが長くもつんだ」と、優し気な表情を浮かべるが、ここなど『月曜日のユカ』とのあまりの違いに、ドキリとしてしまう。ここでは、加賀が男と、それも初老の男とキスをしたのだ。『月曜日のユカ』の加賀は、パトロンの加藤武に、セックスは許してもキスだけはさせなかったのである。

二人がベッドに倒れこみ、山村は、寝巻きの上から胸を触る。最初は右胸だ。だが、そのあとの展開に、またもドキリとさせられる。山村の手が彼女の左胸にあてがわれるや、黒いスリップが見えた時点で、加賀がとたんに嫌がる素振りを見せる。左の胸を触らせないのである。山村は、「誰か好きな人のためか」と聞くが、はっきりしない。そのあと、行為の最中、加賀は思わず「上野先生（八千草）」と口走り、山村は唖然としてしまう。

このシーンに、どこか未熟な肉体を覆い隠す素ぶりが多い加賀の女優としての特徴が見える。『月曜日のユカ』で、男にキスをさせない加賀だったが、本作では逆にたっぷりキスさせるのに、左胸を触らせない。これが、肉体の一部に拘泥する加賀の特性と見れば、合点がいこう。肉体の拘泥とは、裏返せば、肉体の「欠損」に通じるのではないか。欠損とは、人間の精神を表すものでもあろう。その欠損ぶりを象徴するような言葉が、彼女の口からあとあと示されることになる。

本作を、同じレズ世界を描いた『卍』と比べてみるのも面白いかもしれない。ギラギラする肉のぶつかり合いが顕著だった『卍』に対して、本作は京都というある意味、隠微な街で、しっとりした官能世界が展開されるのが特徴的である。こちらのほうが、隠微なだけに、性の底知れなさがあるようにも感じられる。それは、さきに触れた二人の行為でも明らかであろう。

その隠微な官能性が、加賀のある部分を触らせないという欠損感覚によって、促されているのかもしれない。『卍』との比較でさらにいえば、原作者、監督、女優、技術などの違いが、そのまま出ている点にも注目したい。セックス描写における谷崎の直接性と、川端の間接性である。監督の増村、篠田の資質にも、それはうってつけだったようにも思える。

京都に帰った加賀は、八千草を挑発する。山村の子どもを産むと、八千草に言い、八千草は怒り狂うのだ。巨大な絵に、血の色をしたたらせる八千草は、加賀の右頬を張り飛ばす。「気持いい」という加賀の左頬にさらにびんたを張る二段構えがあり、八千草の怒りが尋常ではないことがわかる。よろける加賀は、さすがに驚くが、そのあとさらに八千草が凄まじい行動に出る。縁側付近にあった鳥籠を右足で蹴飛ばしてしまうのだ。ここで、八千草の加賀への深い愛に気づかされる寸法だ。八千草のほうが、加賀に参っているのである。怒りと嫉妬に狂った八千草が繰り広げる張り手と蹴飛ばしの行為から、二人の肉体関係のなかに、凄まじい官能が呼び起こされているだろうことが見てとれる。

山村の妻は、渡辺美佐子が演じている。八千草とのかつてのことは知っていて、絶えず夫にぎすぎすしている。「五十五歳は、会社員ならもう定年ね」「作家はいつが定年かしら」「死ぬときが定年ね」と連発する渡辺に、ギョッとする山村は、「何を言うか」と言いつつ、二人の冷えた関係ゆえに、山村の枯渇した性生活が露にもなるのである。

山村の次に、息子・山本に接近した加賀は、彼の研究対象でもある墓の前で逢瀬をもつ。山本が、彼女の耳を舐めるシーンがゾクッとする。加賀は、こんな言葉を吐くのだ。「私の耳は風に弱いの」「ちっとも風がないのね」。と、ここでは何と、まるで『月曜日のユカ』のように、キスを拒否するのだ。その言い回しが実になまめかしく、エロティックだ。「いや、お口はいや」「そんなに目を押さえちゃ、火が出る」。拒否と受入れの両面の演技が見事である。

愛撫を重ねた二人はその後、森のほうに向かい、キスを嫌がる加賀が、地面に押し倒される。このとき山本は、左の胸を触るのだが、山村とは違って許される。だが、山本の手が右の胸にいくや、嫌がる加賀は、「右はいけないの、いやなの」「右はあたし、悲しくなるの」「娘って、どこかかたわなところがあるもんなのね」「そのかたわなところがなくなっていくの、悲しいような気がする」。

加賀のゾクゾクするような言葉の響きと、山本を誘ってやまない行為の大胆さが、とても官能的だ。だが、言葉の端々に見受けられる拒絶の姿勢が、肉体の欠損感覚から来ているように感じられ、それはまた、倒錯した官能性に結びついているようにも思う。さらに、それら一連の誘いの言葉と行為が、相手を不幸に押しやる強い磁力を発動しているようにも見え、加賀に接するや、男たちはおぞましい運命に引き寄せられていくかのごときである。

確か、『月曜日のユカ』でも、中尾彬は死に、加藤も海に突き落とされたはずだ。加賀は、小悪魔と言われたが、それは可愛げでコケティッシュな容貌だけから言われたのではない。彼女の特異な資質である肉体の欠損部分が、外見と同じように、極めて危険な香りを放ち、映画のなかの男たちを狂わせるのである。一九六〇年代半ばの日本映画の官能性は、加賀がその多くを担ったと思う。

黒い雪

一九六五年、日活

武智鉄二監督の瞠目すべき作品である。米国に対する憎悪を交えた苛烈極まる批判的な視座が、全編を満たしているがごときだ。公開当時、こうした監督の姿勢から、反米主義的な作品とも目された。確かに、米軍基地に象徴される米国の日本〝支配構造〟に対する身悶えするような情念の劇は、反米へとつながってもおかしくはない。

ただ、よくあるようなお題目の反米ではない。武智の表現の核には、映画という虚構の領域において、大胆極まる挑戦の刃があり、それこそが巨大なインパクトを放つ。その際、武器になったのが、女のエロである。否、女性の官能・エロ的な表現と言ったほうがいいかもしれない。エロ的な表現で、米国、及び米軍基地を撃つ。全くもって、問答無用に素晴らしい企みだと言わざるをえない。

冒頭、タイトル・ロールに合わせて、女の上に黒人が乗っかっているかのごときシーンが現れる。まさに、乗っかっている。黒人も素っ裸の女も微動だにしない。飛行機の騒音(まるで爆撃音のようだ)がひっきりなしにするなか、性行為が終わったのか、どうかもよくわからない男女が重なって、止まっている。女の腋毛が見えている。それも、猛々しいくらい濃く、その獰猛さは他の映画ではお目にかかれないほど迫力がある。この微動だにしないという人間の〝形〟は、本作の重要な主題になっているとも言える。

と、隣の部屋の上方から、これを覗き見ている青年・花ノ本寿が登場する。花ノ本は、米軍基地周辺にあるドライブインの二階で、売春宿を営んでいる女オーナーの息子である。一階が食堂で、二階には女の部屋がいくつもあり、男たちが各部屋にやって来る。多くが米兵（黒人）のようだ。

ドライブインの位置関係に、全く度肝を抜かれる。基地の真横に道路が走り、その道路から広い敷地を介して、ドライブインが建つ。敷地にはタクシー乗り場らしき場所があり、着物姿の紅千登世が待っている。彼女の父が、タクシーの運転手をしている美川陽一郎である。売春宿が、米軍基地と目と鼻のさきにあるという絶妙な〝舞台設計〟が、本作ではとても効果を上げている。

売春婦たちのところに花ノ本の叔母がやって来る。彼女は、オンリー（米兵の愛人）をやり、バーのようなものを任されている。米軍の払い下げ物品の取引もやり、結構金を稼いでいるようだ。売春婦の一人に、口元におでき（セックスから来ている）がある女がいて、舞踊家が夢だと言う。いつも、パウダーのようなものを脇や足に塗っている。おでき、夢、パウダーの三点セットが、女の哀れみを増幅する。

こうした環境下で育った花ノ本は、店に来る黒人が憎い。日本の女が、黒人兵に陵辱されているように感じている節がある。確かなことは描かれないが、憎悪の形となる黒人兵を刺すシーンが、明快に出てくる。冒頭、花ノ本は帰る黒人と、ドライブインの階段で遭遇している。刺した黒人と同人物かどうかはともかく、黒人という存在に、いたたまれない感情があるように描かれている。

花ノ本が、紅と知り合いになり、映画を観に行くシーンがある。映画館内で早速体を愛撫するのだが、ここはあえぐ紅の顔を写すのみで、花ノ本の動きは封印されている。映画館のわびしいたたずまいのなか、紅の悶えが官能的で、なかなかいいシーンではあるのだが、花ノ本は動かず、紅のみのリアクションを写す演出が異様である。ここでも、冒頭の男女と同じように、花ノ本の動きは止められているのである。

この映画館のシーンは、黒人を刺すときとも重なり合う。そこでは、ナイフをもつ花ノ本に、黒人のほうがぶつかってくるのだ。花ノ本は動いていない。後日、店の部屋で紅を裸にし、ベッドに

監督・武智鉄二、脚本・武智鉄二、撮影・倉田武雄、音楽・湯浅譲二、八木正生、出演・花ノ本寿、紅千登世、美川陽一郎、野上正義

運んでいくシーンの花ノ本の物静かな行動にも、異常なほど動きがない。つまるところ、花ノ本は性と暴力が介在する場面において、ほとんど動きがないのである。

これは逆に、精神に異常なほど、憎悪を染み込ませているからではないかとも思える。それは、女の性をないがしろにしている基地に象徴される米国(軍)への憎悪であろう。花ノ本は、幼いときから、強大な米国の権力を見て育ってきた。憎悪は内面化し、それが彼の動きを封じることにつながったと私はみる。

とは言いつつ、本作の最大の〝見せ場〟は、基地と女体が重なり合うスペクタクルである。紅を、活動家たちにあてがおうとした花ノ本だったが、相手が花ノ本でないと気づいて、紅はドライブインを飛び出す。ここから続く映画史上前代未聞の壮絶な女の走行シーンには、神が宿っているのではないかと思われるほど、聖なる瞬間が現れると言っていい。

カメラは、基地周辺を全裸で逃げ回る紅をとらえる。凄まじいシーンだ。さらにフィックスのカメラが、前方からやって来る紅をとらえ続けるシーンが圧巻である。紅を移動で横からとらえ、道路を走る車が同時並行で写るシーンも、この世のものとは思えないほど美しい。

基地内では、車両が紅を追いかけているようにも見える。本物の車両だろう。紅は、ついに力尽きて、地面に転がってしまう。ここが感動的なのは、倒れた紅の口から、白い息がハーハーと音をたてるかのように出ているからだ。この白い息こそ、全裸で道路を走り抜いた紅が、生の肉体の官能性において、基地と真に対峙できた証である。

まるで重戦車のような突進力で、画布に憎悪を塗りたくったかのような作品であった。それは、映画でしかできない表現領域の神の地平に足を踏み入れたと言うべきか。本作は、まさに基地の横を全裸の女が走り回るアイデアだけで突っ走ったのだと思う。一つの強靭なイメージである。それを映像化することのとてつもなさを思う、そのイメージを焼きつける具体的な実践行動こそ、映画の大きな夢であろう。

花ノ本は顔にあざがある。このあざが、この俳優の魅力である。のっぺりした二枚目顔に、言い知れぬ暗さと異常な感じが漂う。この俳優の無表情は、恐ろしい。犯罪か何かが始まる予感が、たえずある。それも、かならず女性にからんだことだ。中村嘉葎雄と少し似ている気もするが、その異常性において、花ノ本に叶わない。

DVD：『黒い雪』収録「武智鉄二全集 異端の美学 2」【販売元】東映 東映ビデオ ￥14,000(税抜)発売中　©川口秀子／彩プロ

ただ、花ノ本は本作で敗北する。何たることか、米軍に死刑を宣告されるのである。これは、現実的な領域において、犯罪者は罰せられる残酷な事実を踏まえている。冷静な見方である。自身の理想、夢、反逆が、すんなり通るわけがない。

だが、紅は生きているのだ。基地と女との対比を激烈に描いた映画の芸術性と革新性は、紅が反米の勝者として今も生き続けていることを指し示しているのではないか。これは官能の勝利である。一人の女の生々しい全裸姿の走行が、基地と対峙しうる一瞬を、武智は信じているのである。これが、映画の虚構の力だと思う。

結婚相談

一九六五年、日活

芦川いづみが、官能的な女優としても、素晴らしい逸材であったことが確認できる作品である。芦川は、その年の実年齢が三十歳。可愛さの点では、日活女優陣のなかで抜きん出ていたが、そろそろアイドル的な役柄から脱皮する時期だった。前年、『月曜日のユカ』で加賀まりこの代表作を送り出し、絶好調の中平康監督との出会いが、そこにあった（初めてのコンビ作ではないが）。中平は、芦川から眠っていたかに思えた官能の魅力を、存分に引っ張り出して見せた。

冒頭、日活のマークとともに、「パパパパーーン」という結婚行進曲のファンファーレが鳴り響く。と、すぐに曲がとぎれて、いきなり芦川いづみの横顔が写されるや、器具で顔をマッサージする彼女の「私も、とうとう三十になってしまったわ」という疲れたような声が聞こえてくる。いつもの（イメージとしてある）可憐で活きのいい芦川の表情からすると、少し老けた感じにちょっと驚くも、別の見方では、成熟度が増した表情なのであった。

続いて、結婚式の記念写真に移り、タイトル・ロールが終わると、写真に写っていた人物たちが動き出す。例によって、中平康監督のテクニシャン風な意表をついた出だしが絶好調である。だが以降、技巧的な作風は徐々に影をひそめていき、中平としては、意外なほどオーソドックスな描写の展開を見せる。

式が終わり、芦川は結婚相談所に行き、所長らしき沢村貞子が紹介する男と次々に会うことになる。梅野泰靖や草薙幸二郎らが現れるが、二人はどうにもいかがわしい。根が純情な芦川は、三人目の初老の男とできてしまう。梅野や草薙を操る沢村のこの結婚相談所は、売春まがいを行う悪辣な巣でもあった。

父がいない芦川にとっては、父のように見えたこの男が、好ましく思えたのだ。だが、男は帰り際に大金を置いていき、ショックを受ける芦川だったが、男をよく知らない彼女は、結婚にまで進もうとする。だが結局、初老男に妻がいることがわかり、芦川は事実を告げた沢村の前で泣き崩れるのである。

この男と再び会い、言い寄られるところで、ある紳士が助け船を出した。冒頭の結婚式でダンディーぶりを見せていた百貨店幹部の髙橋昌也である。髙橋は芦川をバーに連れて行き、偽のフィアンセとして紹介する。男女関係があり、別れる気でいるママの稲野和子を欺くためである。仲が深まった二人は、浜名湖に行き、芦川は髙橋が忘れられなくなる。

ただ不思議なことに、芦川は沢村に首根っこを押さえられていて、売春の強要から逃げられないのだ。ある豪邸に行くことを指令され、少し知的障害がある息子の相手をさせられることになってしまった。髙橋は結局、彼を愛しきった稲野に無理心中をさせられる。悲嘆に暮れる芦川は、愛を育んだ聖地・浜名湖を再度訪れることになるだろう。

長々と筋を書いたのは、この話が予想を超えて、全く不思議な展開をしていたからである(原作は円地文子)。そのちょっとした愛欲の地獄めぐりに、芦川を誘導していくかのようなサディスティックな中平演出が、なかなかに出色なのであった。

その最高潮のシーンが、浜名湖の湖面で描かれる。芦川が、髙橋を追って浜松の老舗旅館に赴き、浜名湖の湖面で繰り広げる愛欲の場面である。それは、小ぶりで押し出しには欠けるが、ダンディーな中年・二本柳寛のような雰囲気のある髙橋昌也が、暗い浜名湖の湖面で、芦川を乗せたモーターボート(以下、ボート)を走らせているシーンであった。

この時点で、髙橋は百貨店で起こした金銭の不始末から自暴自棄になっている。勢いよく走るボートを止めた髙橋は、「お袋の愛を知らない。お袋の乳房を吸ったことはない」と甘い言葉で、芦川の母性本能をくすぐり、胸にすがりつく。そこで、いい子、いい子といった調子で、髙橋の顔を自分の胸に抱き寄せ、口を開けて、恍惚となる芦川の表情が実にそそる。目をつぶり、官能の高まりに身を悶えさせていくのである。

そのあと、ボートを走らせ、「もう死んだっていいんだ」と、猛スピードで芦川を揺さぶり続ける髙橋の暴走ぶりに、芦川は唯々諾々となる以外ない。彼は岩場にぶつかりそうになるやコースを変え、ボートを止めるのだが、これで芦川の体と精神はこなごなになった。死さえ予感させた官能の嵐が、ボートと湖面に吹き荒れる瞬間であった。ボートが、官能の発露の場として使われていることに注目したい。これは、太陽族映画から続く日活映画の青春、性戯的行為の一様式なのだ。中平自身が、その張本人であって、彼の『狂った果実』におけるボートのシーンは、それこそ青春の象

『結婚相談』 © 日活

監督・中平康、脚本・須藤勝人、撮影・山崎善弘、音楽・伊部晴美、出演・芦川いづみ、髙橋昌也、沢村貞子、稲野和子

徴、あるいは欲望を全開させる装置としてフル稼働していた。ボートは、男女の官能を引き出す器になっている。

終盤近く、売春を強いられ、女主人・細川ちか子と女中・岸輝子がいる豪邸で、芦川が繰り広げる痴態ぶりが、全く異色である。ここには、相手をする息子・菅野忠彦(当然だが、全く若い)がいて、細川、岸の二人の婆様の不気味さもあり、まるでホラー映画のような展開になる。

掃き溜めに鶴になった恰好の芦川だが、実はこの部分が、もっとも美しく撮られている。おどおどした菅野を前に、たらした髪がくるっとなった芦川が、この部屋で二人が過すのは「お嫌いですか」と言うシーンが、それだ。そのとき、芦川は首をかしげるのだが、この「お嫌いですか」というセリフの官能的な響きとともに、芦川の本来の可愛さが凝縮されたかのような表情が、全く素晴らしいのである。中平は、『月曜日のユカ』の加賀まりこもそうだったが、ワンカット、とんでもなく女優を美しく撮ることがある。

大胆になった菅野は、キスをしていいかと言って、おでこにキスし、次に首筋にキスすると、芦川が目をつぶり、実に気持良さそうな表情をするのである。「乳を吸っていいか」と続け、しゃぶりつくと、ここでも芦川は目をつぶり、開け気味になった口元が、恍惚の表情を一段と鮮明にする。芦川の開けた口こそが、官能の扉を全開にしていくのである。

本作の官能描写は、ここでクライマックスを迎える。菅野が、彼女の胸にしゃぶりつくや、すでに画面は濡れたようになっている。この濡れ具合が、浜名湖のボートの疾走シーンにオーバーラップする(二度写る)。この場面の芦川の官能的な表情は、ボートが発信源だったことを示しているのだ。これこそ、本作の大きなテーマを物語る。日活=太陽族映画が作り上げたボートをめぐる官能の物語は、三十歳の〝普通の〟女にとっても、同じ意味をもっていたのである。

ラストがまた、全く意表をつく。浜名湖に舞い戻った芦川は、冒頭の結婚式に参加し、芦川と同僚だった男・高原駿雄と再会する。高原は、転勤で浜松に移っていたのだ。高原のセリフが、なかなかいい。「(あなたは)湖の表面しかご存知ないでしょう」「(他のところを)もっと案内しますよ」。ラスト、二人の姿を見た同僚で浜松に嫁いでいた横山道代(現・横山通乃)は、「お似合いよ」と思わず言ってしまう。「おしまいよ」と聞き違えた二人が、否定するのだが、二人はどうやら一緒になるとの予感を漂わせ、映画は終わる。

つまり、ボート=浜名湖が、官能の入口としてあった芦川だったが、先もまだあるとほのめかされたのである。彼女の官能は、まだとば口に過ぎない。それを誘惑の言葉として呟いたのが、それほど有名な俳優ではない高原であったのが非常に面白い。おそらく、自身がそれほど執着を示さなかっただろう日活のスターシステムに、果敢に叛逆しようとした中平の粋な計らいなのではなかったのかと、妙な推測もしてみたくなる。

ちなみに、芦川の妹は、山本陽子が演じていた。優香に瓜二つで、女優の雌伏のときを過ごしている。目が大きく、ちょっと少女コミックに出てくるような華々しい感じから、日活が退潮していかなければ、もっと活躍できただろうにと、全く惜しまれる。弟は、『月曜日のユカ』のような重い役柄ではない中尾彬である。中平のお気に入りだとみえる。母は、芸達者・浦辺粂子であった。

第三章◎今村、大島経て増村爆発

処女が見た

一九六六年、大映

安田道代(現・大楠道代)と若山富三郎が共演した記念すべき作品であるが、実は若尾文子の代表作として、とんでもなく刺激的な中身をもつ。安田は、大映入社第一回作品であり、冒頭のロールには、〝新スタア〟と堂々と出る。だが、予告編を観る限り、当時〝賞総なめ〟の若尾文子が、文芸作品に出演することが売りの作品であった。こちらが正しい。ただ、「処女が見た」というタイトルをもつ作品が、文芸映画であるところが、いかにも大映的ではある。

安田がまず、セーラー服姿で登場する。高校三年生、十八歳という設定だ。野性味はあるが、野暮ったく、それほど女子高生っぽく見えないのが、これもまた大映らしい。可憐な少女だったり、のっぺりした美女ではない。他社では、ニューフェイスとはなりえない風貌だろう。安田の当時の実年齢は、二十歳である。

不良で手が付けられないので、安田が尼寺に預けられるところから始まる。尼寺の主である若尾文子は、本寺の住職の頼みなので、安田の受け入れを承諾せざるをえない。しだいに、若尾を慕っていく安田だったが、ときに寺の仕事の合い間に、エレキバンドを組む男友だちとも接触をもったりもする。その仲間の一人に小柳徹がいる。わが世代には、NHKドラマ『ホームラン教室』の明るい少年役で知られるが、夭折した。

本寺の住職が亡くなり、城健三朗(当時の若山富三郎の俳優名)が後釜になってから、異様な風が吹き始める。冗談ではなく、エロの風である。城＝若山が若尾の前に現れた時点で、こいつは危ないと誰もが思う。ちなみに、本作は城にとって、この名前では大映出演の最後となる。

監督・三隅研次、脚本・舟橋和郎、小滝光郎、撮影・牧浦地志、音楽・小杉太一郎、出演・若尾文子、安田道代、城健三朗、小柳徹

若尾に会う早々愛想を言う城だが、早くもエロにエンジンがかかったかのような獰猛な感じが尋常ではない。このときに発する城の言葉の重々しさ、圧倒的な存在感が、ただひたすら恐ろしい。だが、全く不思議なことに、若尾は、この時点で城にちょっと参ったようにも見えたのである。だから、同じ寺の年長の尼である小夜福子が、「好かんおっさんやな」と言うのにもかかわらず、若尾は城を擁護するのだ。

　茶碗の探し物があって、若尾は城の寺を一人で訪れる。それは蔵にあり、二人はそこに入る。城の目は、すでに異様に光っている。若尾は、上段にある探し物に目をやる。このとき、草履を履いた足の動きがやけに強調される。台座に乗った若尾に、蔵の扉を閉めた城が後ろから抱き着く。万事休すである。若尾が、逆らえるわけがない。彼女にしても、ある程度の期待感があったからこそ、二人で蔵に入ったのだ。

　何度も言うが、城の野獣のごとき性的な存在感、若尾をいたぶる感じが濃厚のエロ的要素が圧倒的である。今の時代には、現れようもない性的な匂いが充満している城を見ると、女性ばかりが官能を体現するのではないことを改めて思い知らされる。彼は、その圧倒的な性的存在感で、すでにして映画の一方の官能の扉を開けているのである。

尼さんの若尾がいたぶられる姿は、サディズムの愛好家としたら、たまらないのではないか。城から見たサディズムの境地、若尾から見たマゾ的な匂いが、ここに重なり合うのだ。「きれいな人や、好きや」と、声をかける城に、若尾はなすすべはない。

名手・三隅研次監督は、からみ合う二人の動きをしつこく撮っている。なかでも二人の草履の足が強調される。最初のことが終わったあと、二人の下駄が、蔵の外にきっちりと並べられているのがとらえられる。蔵のなかでは、二人の草履を強調し、シークエンスの最後は外の下駄で締めくくる。しかも、その下駄は揃えたように並んでいた。この下駄の整合性のなかに、二人の性的な関係のある種の合意性が象徴されているのである。明らかに強姦ではあるが、強姦を若尾は予測できたのに、彼女はあえてその場に進んで行った。その象徴が、並んだ下駄なのであった。

ただ、虚構的な性の合意性と、それに伴う強姦描写とは別に、いたぶられる若尾が、何とも痛々しく感じられたのも事実であった。まるで、城の強引さが、虚構を超えて、若尾文子という女優にぶつけられているといった印象さえあった。若尾が、本当に城に手篭めにされている感じと言ったらいいだろうか。それほどに、城のエロ演技が堂に入っているのである。

二人の二回目の逢瀬も圧巻だった。若尾の茶会を城の寺で行い、客が帰ったあと、城は当然のように迫る。城は、自分は俗物だと言い、若尾に妙な説得をし出す。彼女は抱きつかれ、白の襦袢にさせられ、目を閉じる。嫌がるしぐさと、恍惚とはまた違う苦痛の表情にも見える。恍惚と苦痛、その狭間にいるかのような複雑で微妙な表情だ。ここでも感じるのは、若尾の肉体に、悲壮感が走ることだ。演技的な意味ではなく、城にのしかかられるシチュエーションを、自身が演技としなくてはならない過酷極まる映画的な要請が、若尾から悲壮感を引き出すのである。

若尾ほどの大スターにして、強姦シーンを演じなければならない。しかも、相手はエロ坊主然とした助平丸出しの城だ。虚実を超えたその痛々しさの発露こそ、若尾の若尾たるゆえんだろう。この痛みは、若尾に究極のマゾヒズムを与えるとさえ言っていい。この倒錯性は、大映はじめ他の女優には見られないものだ。それだけ、若尾には女優として突出した部分があり、しかも、それは性的な要素から生まれた面が大きく、陵辱する異分子の城とのからみのなか、異様な官能性が生み出されることになったのである。

これも、城の煮えたぎるような性への貪欲さがあったからだ。このような異様な存在感を見せる男優は、大映には、弟・勝新太郎以外いない。だからなのか。城は、弟・勝が田中徳三監督の『不知火検校』で見せたまがまがしさをなぞるかのように、あの中村玉緒をモノにする勝の悪相といかがわしさ以上の存在感でもって、大映の大看板たる若尾を蹂躙しつくした。しかも彼はその後、大映を去るのである。

付け加えておくなら、二回目の逢瀬には、犯しの嫌らしさだけではない実に魅力的なシーンも用意されている。ことが終わったあと、タンスに城の姿が映り、ここが何とも不気味さをもつのだ。鏡ではなくて、磨かれたタンス(何段もある)に映る城のゾッとするようなまがまがしい表情は、さきの下駄のショットが残した余韻と、極めて似た感覚がある。下駄のように、二人の関係を表しているものではないが、それは官能的表現における一つの暗示的な示唆にも見えた。

話はこのあと、少々失速する。妙に、緊張感の糸が切れるのだ。これは、一重に城の演技の変質による。若尾はといえば、何と妊娠してしまい、城に結婚を迫る(このあたりも、非常に痛々しい)。だが、城は冷たい。絶望した若尾は、自殺をはかる。妊娠は、別の男に強姦されたからだと城はうそぶき、逃げることができたかに見えたが、若尾を慕い、二人の関係に気づいた安田が復讐をはかるのである。

このあたりは、あまりいただけない。それは、城が悪い。彼は、復讐のために接近してきた若い安田の前に来ると、若尾とはまるで違って、獰猛で性的な存在感が希薄になっていくのだ。これが、何とも奇怪なのである。不良だから男女の機微を心得ており、機転のきく安田には、手も足も出ない感じで、結局単純に言って、城は安田には優しいオヤジぶりを見せるに過ぎなくなってしまう。

若尾に見せた異様な迫り方とはまるで異なった安田への対応の仕方に、本作の非常にいびつな魅力がうかがえる。下駄の並びにあったような描写の丁寧さが、後半にはまるでなくなってしまうのだ。城の目的（陵辱の）は、結局、大女優・若尾文子だけだったのではないか。映画の目的も、それだけだったのかもしれない。城と若尾、安田の三角関係には、虚構を超えて、いったい何があったのだろう。そんなことまで考えたくなってしまうほど、これは奇態な怪作とでも言っておきたい作品なのであった。

「エロ事師たち」より 人類学入門

一九六六年、日活

野坂昭如原作の記念すべき最初の映画化作品である。タイトルにある「エロ」は、当時としたら、かなりえげつないニュアンスをもっていたと推測する。主演の小沢昭一にとっては、終生の代表作であろう。助平で小賢しいが、どこか憎めない。底辺に生息する大衆の〝原像〟を見るような男で、その役を小沢は、まるで地でいくかのような素振りで、実に自然に演じて見せた。

だが、この映画は、よく味わっていくと、『にっぽん昆虫記』の続編的な作品にも見えてくるから不思議だ。それは、左幸子と吉村実子の母娘の関係(『にっぽん昆虫記』)が、本作の母・坂本スミ子と娘・佐川啓子(新人)の関係に重なるからに他ならない。ひょっとすると本作の主役であり、エロ街道まっしぐらのスブやん・小沢は、坂本・佐川の母娘の引き立て役であったのかもしれない。

冒頭、エロ映画を撮るために、小沢演じるエロ事師の小沢や、主演俳優(榎木兵衛だ)、主演女優らが集まってくる。隠し撮り(のように見える)の今村スタイルだ。〝監督〟は、名優・田中春男が演じる。カメラマン兼任の田中は、完成品の本数を多くするため、8ミリカメラを何台も回している。そのエロ映画と本編の映画が、まるで重なり合うかのような映像のつなぎが施されており、エロ事師たちの話として、これ以上ワクワクさせられる出だしもない。

小沢は、大阪の汚い河沿いに建つボロ家に住んでいる。エロ映画やエロ写真はじめ、エロに関するあらゆることを生業にしている男だ。妻の坂本スミ子は、理容室を経営しており、その理容室に大きなフナを飼っている。フナ釣りが趣味だった亡き夫がフナに生まれ変わったと坂本は信じており、彼女が何をするにも、フナがその様子をじっと見詰めている。このフナは、全編にわたって無気味な存在感を示し、坂本の性と生を呪縛するように描かれる。

二人には、近藤正臣(新人)演じる息子と娘の佐川の子どもがいる(小沢とは血がつながっていない)。最初の時点では、近藤は予備校生、佐川は中学生として描かれる。娘は小さい頃に、交通事故で足を傷つけた。小沢のせいではないが、その場にいたので、これは彼の原罪意識を作った。フナと娘の傷。この二つの呪縛は、小沢、坂本二人の性と生をがんじがらめにするほど、意味が深いように描かれる。小沢は、徐々に仕事と生活が追い込まれていく。坂本の精神錯乱や子どもたちの離反を経て、しだいに彼の生と性は、バランスを崩していくのである。

冒頭近くの寒い朝に、小沢が布団のなかで早々と坂本に迫るシーンがある。いざことが始まりそ

『「エロ事師たち」より 人類学入門』 © 日活

監督・今村昌平、脚本・今村昌平、沼田幸二、撮影・姫田眞左久、音楽・黛敏郎、出演・小沢昭一、坂本スミ子、佐川啓子、近藤正臣

うになるのだが、すぐに息子の近藤が、坂本の布団にもぐりこんでくる。性行為の中断である。これはラスト近く、死んだ坂本の布団のなかに、近藤が入り込むシーンと重なり合う。

小沢が、性に放埓な義理の母・園佳也子(坂本と瓜二つのように豊満な体をしている)への愛憎から、いたたまれなくなって、何度も布団(毛布)をかぶるシーンが出てくる。布団に入り込む近藤は、母への性的な憧憬が大きい。布団の描写をめぐって、父と息子は別の意味を抱えているのである。フナと同じく、布団もまた、性と関係づけられる記号として、本作では重要な役割を担う。

小沢と坂本が、初めて肉体関係をもつようになるシーンが、おかしくもエロ全開で驚嘆する。本作は、時制の入れ替えがひんぱんなので、ここは話の順序としては逆であるが、相当えげつない場面だ。下宿している小沢が、踏み台から転げ落ちた坂本に結果的に欲情を抱くのだが、彼のその素振りがまだ見えていない段階から、坂本は何ともオーバーに拒否の態度をとる。

オーバー過ぎて笑ってしまうほどだが、だからこそ、その拒否が拒否にならない。小柄ながら、肉感的な坂本の体は、まるで犯してほしいと主張しているようで、動揺の異常さと笑いの匙加減、受け入れ態勢オーケーの坂本のセリフと体のうごめきが、全く感動的である。キスをするのは、坂本のほうからである。

話の展開上、もっとも性的な存在といえば、実は中学生の娘を演じる佐川なのである。彼女こそ、本作の隠れた主役とさえ言っていい。ふっくらとした愚鈍極まる顔と、ボリューム感のある肉体。今なら、ヤンキー系とも言えようか(否定的に言ってはいない)。この野卑た顔とゴムのような肉体は、今村昌平がもっとも好む(と断言する)。

彼女が、スリップとパンティーになりながら着替えているところを、バタンバタンと動くドア越しから小沢が眺めるシーン(カメラが斜め)では、彼女のほうが挑発しているように見える。不良仲間からは絶えず体を狙われるし(その一人が佐藤蛾次郎だ)、性的な女王のような存在として、ふるまっているのが佐川なのである。

だが、足の傷が重要だ。彼女は、セーターから胸が盛り上がるほどエロい肉体をもつのと同じくらいの比重で、傷の欠損部分を併せもつ。小沢は、娘にちょっかいを出しキスまでいくが、別のシーンでは露になった傷を懸命に舐めるしかない。さらに、彼女と性行為に入る寸前、娘が金のことを口にしたことから、不能状態(カラカラという言葉が使われる)になるシーンも加わっている。

おそらく、不能になったのは、金だけが原因ではないだろう。彼女の足の傷が、性を封印するように仕向けられており、そのシーンでは、性の呪縛としてある園佳也子の姿まで浮かぶ始末だ。ともに義理である母と娘の性を介した行為では、小沢には言い知れぬ苦しみが待っているかのようである。

この描写ばかりではない。本作は、エロ的設定のなかで、エロが封印されていく点が顕著なのだ。今村の性への原罪意識(のようなもの)が、本作に色濃く現れた気がする。その象徴が、カラカラなのだ。おそらく、自身の映画表現で最重要となる性の追求に対して、原罪意識的な内省の念が、彼の脳裏と表現に及び始めたのではないか。それは、性の底知れなさと、それに伴う恐ろしさの浮上を示す。

田舎の共同体と信仰性は、性の横溢を促進すると同時に、性を束縛するものにも転化する。フナが、その象徴であり、いち早くその意味を悟り、悲劇的な結末を一手に引き受ける坂本は、性への深い罪を生来の優しさで感じとってしまい、精神と肉体を病んだのではなかったか。

その象徴的なシーンが、『赤い殺意』における列車のシーンを思い起こさせるような本作のもっとも挑戦的にして、圧倒的な映画表現の高みに到達した描写である。それは、病んだ坂本が、病院の鉄格子の窓枠から喚く場面だ。ここが強く胸を打つのは、坂本が胸さえ露にして喚くことそのものではなく、それを下で見ている多くの一般大衆(エキストラか、本当の群集かはわからない)にさらしたからである。ここでは何と、外部にいる不特定多数の人々の社会的枠組みのなかで、彼女の生と性の存在が問われるのだ。

冒頭から、エロ映画撮影の集合場所が、隠し撮り(と思われる)になっていたことを思い出してほしい。隠し撮りは、空間性の緊張感をかもす効果以上に、隠し撮りという撮影の隠し事が、公の一般大衆を巻き込んだ日常の場所と、二重写しになって画面に定着していることが重要なのである。虚構性は、日常のなかで別の意味をもつ。

この意味の一つとしては、性的存在の一方の代表格であった坂本は、その官能的な肉体を社会性のただなかにさらすことで、ある罰を受けていることを表す。性的な意識にがんじがらめになった人間たちがうごめく今村的な性的宇宙のなかで、これはまさにその代表者に与えられたもっとも過酷な罰ではなかったか。

性＝官能への憧憬、追求が、あまりに過激過ぎて、逆にそこから生まれた自身(今村)の性への原罪意識が、本作ではニョキニョキと露出してきたかのごとくである。これは、官能・エロをストレートに描くことへの躊躇、つまり今村の苦悩の姿そのものでもあるまいか。その果てに、小沢のダッチワイフが出現する。

ここに至り、もはや官能云々というより、性的領域の未知の極北へ向かって、一個の機械と相まみえるしかない男の姿が、哀愁と、さらには虚無の感覚さえ漂わせながら、エロ地獄へにじり寄っていくかのようである。その先には、いったい何があるのか。海をふらふらと、まことに頼りなく、何の感慨もなく、小沢の乗った船がただひたすら進んでいく。

官能描写への躊躇とは対象的に、ユーモア感覚の凄まじさが、本作で爆発していたことにも触れておきたい。一つが、殿山泰司が連れてきた少女を、小沢らがエロ映画の出演者として撮るシーンだ。頭に障害のある少女は、監督役の田中の指示どおりに演じてくれない。そこで、殿山が少女をあやすのだが、殿山は何と少女の父だった。目の焦点の定まらない彼女に飴を与えて、しゃぶらせたりカツラをずらしたりと、ここまでおかしくする必要はあるのか、全く不思議になる。笑いが、軽やかにエロを超えていく瞬間である。

　もうひとつが、理容店における抱腹絶倒のシーンだ。店を手伝うエロ事師仲間が、ある客の頭を角刈り風に刈ったあと、その客が鏡をじっくり見ながら、こう言う。「何やこれ、明治みたいとちゃうか。何か、カツラのせてるみたいやけどな」。店員が「GIカットでっせ」と言うや、「そうか」。店員「また、どうぞ」に、「もう二度と来るかい」。このやりとりが、異常なほど面白い。本作の話の展開、主題とはまるで関係ないのだが、この突出する過激な〝笑劇波〟は、深刻なテーマや官能性のあり方を引っくり返してしまうほど大きな力をもっている。

　性をめぐる壮大なテーマのなかに、卓越したユーモアセンスをまぶす。ここでは、性も何もない。何物かを爆発させたいというようなとてつもない欲望の嵐があるのみである。今村昌平。全く別視点から、再評価されてしかるべき監督のように感じる。笑いは、単なる笑いの効果だけではないことに気づくべきだ。

白昼の通り魔

一九六六年、松竹

大島渚監督の傑作である。犯罪映画史上、もっとも過激にして斬新な骨格をもった作品だと言える。性と犯罪者という〝映画芸術〟が取り組むべきもっとも重要な題材の一つに、真正面から突進したかのような演出力が圧巻である。それは、官能の意味と不可思議さを突き詰める作業に通じる。

主人公・シノを演じる川口小枝（本作がデビュー作）が、まばゆいほどの輝きを見せる。映画史上稀にみる逸材で、彼女なくして本作が成立することはなかった。川口は、武智鉄二監督の実の娘である。大島と武智は、タブーに挑戦して性を描き続けた同志とも言える間柄だ（現実上の交流のことではない）。その二人を媒介するのが、まぎれもなく川口だった。

冒頭、女中の川口が洗濯をしている家に、犯罪者然とした目つきと風貌をもつ坊主頭の佐藤慶が立ち現れる。川口は一人、「雄々しきますらお云々」という日本国家を発揚するかのような歌を何気に歌っている。そこに現れた佐藤は、彼女に会うのは一年ぶりだ。佐藤が迫るが、意外に強気な対応を見せる川口は負けていない。「ますらお」を口ずさむほどだから、芯にある決意をもった女なのである。業を煮やした佐藤は刃物を出し、強姦に及ぼうとする。二人には、前に性的な関係があったらしい。川口をかついで二階に行く佐藤は、失神した川口に興奮する。

一転して、一年前の長野のある出来事に話は移る。佐藤、戸浦六宏、川口ら青年会の面々が、村でいろいろな活動をしている。豚を飼育していた場所が洪水で流され、右往左往する青年会の様子と、中学校教師の小山明子が、青年会の会合で、「愛は無償の行為」などと似非インテリのような演説をしている姿などが交互に描かれる。小山には、他の土着的な三人とは違って、知性的な役どころがあてがわれている。

この佐藤、戸浦、川口、小山が、奇態な四角関係を続けるなか、川口が貧困のため金で戸浦になびいたり、佐藤が小山にちょっかいを出したりするシーンが続く。これら長野の一連の出来事は回想的に描かれ、一方で現在進行形の佐藤の通り魔の話が進んでく。刑事の渡辺文雄が、強姦の様子を隠す川口を捜査していく過程で、逃走犯となった佐藤は、別の犯罪にも手を出す。小山は、生徒たちを連れて修学旅行で大阪に行き、そこで川口と同道するさなか、佐藤の身に警察が迫る。

映画史上、稀に見るような驚くべきシーンが連続する作品である。まず冒頭の強姦シーンだ。川口のいる家の窓枠にあるガラス面に沿って、カメラが移動する。動いていく佐藤のシルエットが、通り魔登場を予見するように不気味極まる。ちょっと、強姦魔がよく登場するピンク映画的な設定を、芸術映画風に仕立て上げた〝映像美〟と言ったらいいだろうか。タイトルの「白昼の通り魔」の文字が、最初とそのあと計三回出る。これがまた、異様である。

洗濯する川口は、胸が強調された服とスカートで、実に危ない感じが濃厚である。座って洗濯する後ろ姿、胸のあたりを、カメラは舐めるように撮る。カメラの目がまるで、佐藤の目になっているような印象もある。

顔がブスで、肉体がグラマーというより単なるデブの川口だが、これが非常にそそるのだ。その肉体を見やる佐藤のこれぞ通り魔といった精悍で野卑な顔が現れ、続く目をつぶるワンカットの繊細でいて荒々しい映像のタッチは、犯罪者的風貌の強調というより、その肉体の表皮をばっさりと切開したかのような恐ろしさがある。

佐藤が川口を刃物で脅して迫るとき、川口は急にまたさきの「ますらお」を歌う。歌で自己の存在を誇示するかのように、強姦男に対峙するのだ。『日本春歌考』の登場人物たちの歌合戦のように、話の展開を歌で解体していくような卓抜な効果を見せる。川口をかついだ佐藤が動き出すのに合わせて、ドラムの音が連打される。画面は、まるでスペクタクルのような高揚的な雰囲気をかもす。

二人が階段途中にある鏡に映るとき、「一緒に鏡に映るのは最初にして最後だな」の佐藤の言葉が、その意味どおりにしても、不気味極まる。鏡の姿は、川口にとって、この世で最後に見る自身の姿かもしれないのだ。二階に移り、佐藤が横たわった川口の首を絞めるや、彼女は失神してしまう。

このとき、戸浦の首吊りの場面が突然インサートされる。近くで、佐藤が川口を犯している。佐藤の滴り落ちる汗が、川口にかかるのだ。後半部分で、そのときの模様が再現されるが、微妙に違った映像で繰り返されるのを見逃してはいけない。最初のときは、佐藤の汗は川口の足のほうに落ちるのに、後半のほうでは顔に落ちる。この違いは大きい。

佐藤が小山を狙うシーンも、なかなか猥雑である。青年会にいる佐藤に、小山が話をしようと誘うのだが、そんな話だけで終始するわけもない。早速、佐藤は小山に触ろうとして、彼女の胸元に手を入れる。「触るだけよ」。気持良さそうな表情を浮かべる小山だったが、佐藤がさらにスカートのなかに手を入れようとすると、とたんに拒否の態度に出て、電話をかけようとした。諦めて、スカートのなかから手を出す佐藤。「触るだけならいいのに」「好きなのよ」と言う小山に、「偽善者」と佐藤が言い放つ。

小山の性行為の中断は、佐藤からすれば、偽善そのものである。「好きなのよ」なのに、性行為までいかせない。「愛は無償の行為」と説教した小山は、自身の行為においても、その言葉をなぞるかのようである。官能が、言葉と道徳に負けるのだ。とともに、本作における小山の偽善性は、性を拒否し、傍観者然とした似非インテリ女性総体に向けられているかのような気もした。ただ、その偽善ぶりは、一転すると、次のような変化となる。

佐藤が、川口を強姦したあと、長野に戻って小山のところに寄ると、今度は逆に小山が迫ってくる。佐藤は「その気にならねえ」とつれない素振りを見せるや、動揺した小山が「シノ（川口）のほうがいいの」と言いはる。当たっているのである。いきなりスリップになる小山が実に色っぽい。見事な肉体であるのが、スリップからうかがえるのに、ここでも彼女の性は封印されるのだ。

本作の白眉は、前半と後半で描かれる戸浦の自殺行為から、生き残った川口の肉体にすりよる佐藤のシーンへ至る描写に現れる。前半と後半では、同じ行為が繰り返されるが、違う描写だとさきに書いた。前半部分は、その序章のようなシーンで、真の見せ場は後半部分である。そこでは、森の木々の間から光が漏れ、まるで黒澤明監督の『羅生門』のような場面が続いていく。

木から落ちた川口は失神している。覗きこむ佐藤の目の色が違っている。性犯罪を続ける佐藤の性癖が、明らかになるシーンである。彼女の胸に耳をあてる。生きているのか、死んでいるのか、確かめているのだ。それがわからなかったので、衣服を一気にもぎとる。胸が露出する。

ここで川口は、ピクーンと上部に体を起こす痙攣のしぐさを見せる。このピクーンとなる彼女の肉体の痙攣具合は、本作中もっとも瞠目すべき描写になったと思う。失神している人間の演出されたピクーンなのか、胸が露出したことによる演技を超えた本人の予期せぬハプニング的なピクーンなのか判別できないのである。

川口の肉体のこのピクーンこそ、それまで本作が担ってきた話の進行、テーマ性、描写面の工夫など諸々の映画的な約束事を超えた瞬間にも思えた。映画の神が宿る瞬間だとも言える。その川口を見て、佐藤がニヤッとするのだ。川口が、生きているのが確認できたのである。これから、絶頂を味わえる。

木にぶら下がった戸浦を見て、さらにニヤリとした佐藤は、「見てろ、源治（戸浦の役名の名前）、よく見とけ」と言う。太陽を背にした佐藤の顔が興奮して歪む。汗が額にたまり、したたる汗が川

『白昼の通り魔』 写真提供/松竹

監督・大島渚、脚本・田村孟、撮影・高田昭、音楽・林光、
出演・佐藤慶、川口小枝、小山明子、戸浦六宏

口の顔に飛び散る。このシーンでは、森の木々、葉の間から太陽の光が差しているのをカメラがしっかりとらえる。それと並行して強姦が行われる。風景描写なもはや、気づいた方も多いだろう。

どの『羅生門』的な設定のなか、本作は『羅生門』では描かれなかった強姦のシーンを、堂々と描いているのである。『羅生門』の三船敏郎、森雅之、京マチ子が、佐藤、戸浦、川口に重なる。黒澤、大島が、『羅生門』と『白昼の通り魔』で結びつく。これは、映画史上の奇跡のような瞬間であると言って差し支えない。

大島は、仮死の女を強姦する男の快楽と犯罪を描く先で、『羅生門』の魅力の一つでもあった犯罪の隠ぺい性を引っくり返し、ドロドロした人間の制御不能な欲望を、まさに白昼のもとにあからさまにした。これは、人間の官能性を映画の歴史を横断しつつ、えぐり出そうとした壮大な企みであったと思う。

映画の中身的には些末なことではあるが、小山の学校で先生が集まっているシーンに、中原弓彦(小林信彦)と佐藤重臣がいることにも触れておきたい。これは、『日本春歌考』の飲み屋に、サングラスの松田政男がいたのと符合する大島演出の粋なところである。

赤い天使

一九六六年、大映

戦争映画の金字塔である。反戦映画の金字塔とも言っていい。若尾文子扮する従軍看護婦が、中国戦線で翻弄される話だ。翻弄のされ方が凄まじい。戦争が悲惨であることは、これまで数々の映画で描かれてきた。だが、戦争に翻弄される一人の女性の官能を目覚めさせていく様を描きつつ、そこから戦争の恐るべき現実を浮き彫りにしていく本作のような構造をもった作品は、そうざらにあるものではない。女性の官能描写が、まるごと反戦への強い意志に貫かれているかのごときであった。

若尾が、中国・天津の兵站病院にやって来る。早速その美貌が注目される彼女は、病院で集団強姦にあってしまう。ここが意外とあっさりしていて、驚かされる。そのときの描写のことではなくて、若尾のショックがそれほど強烈に描かれないのである。この場面で、フェミニズム的に大いなる疑問をもつと、映画に入っていけなくなるかもしれない。だがここは、男の性欲がテーマとなる本作の最初の肝とも言える極めて重要なシーンとなる。

襲った首謀者は、戦争の悲惨な前線へ送られる。若尾の訴えを聞いた看護婦長の差金だ。だが、この男はその命令を聞いても、実に堂々としている。死地の戦場に行くのを当然と心得ているかのごときで、ここで、死さえ覚悟した戦時下における男の性欲の凄まじさが浮き彫りになる。

ここから、一気に話を簡略化しておくなら、この地を離れ、若尾はさらに危険な地域へ行き、この部隊に配属されていた軍医の芦田伸介と運命的な出会いをする。二人は一端別れるものの、再び激戦地で相まみえる。合間に、両腕のない負傷者の軍人・川津祐介を看病する様子も描かれつつ、ついに若尾と芦田がいる部隊は、蒋介石軍など中国人の部隊に囲まれてしまう。

大量の重傷患者を診ながら、芦田が「切断」「摘出」「死亡」と断定してくシーンが恐ろしい。これほど戦争の悲惨さを、あからさまに描いた場面は珍しいだろう。芦田は、輸血用の血液が不足しているので、足や腕をすぐに切断してしまうのだ。ここに、さきの犯行の首謀者が瀕死の重傷で現れ、若尾に命乞いするシーンで、彼女の意外な態度に驚かされる。

若尾は、芦田に男の手当てをしてくれと頼むのだ。この男をこのまま死なせると、結果的に自分が殺したことになってしまう。彼女の本意を知らない芦田だったが、治療を渋々するときの要求がすごい。夜に俺の部屋に来いと誘うのだ。若尾は性的に、強姦とセクハラ（今で言う）で二重に翻弄されるのだが、そのこと自体を、当人がそれほど忌まわしく感じていないように見えるのが重要である。男はあっけなく死ぬ。

タイトルにある〝天使〟という意味が、このあたりから徐々に明らかになる。男の性欲を理解してあげることができる天使である。だから、この

『赤い天使』 1966年製作 © KADOKAWA1966

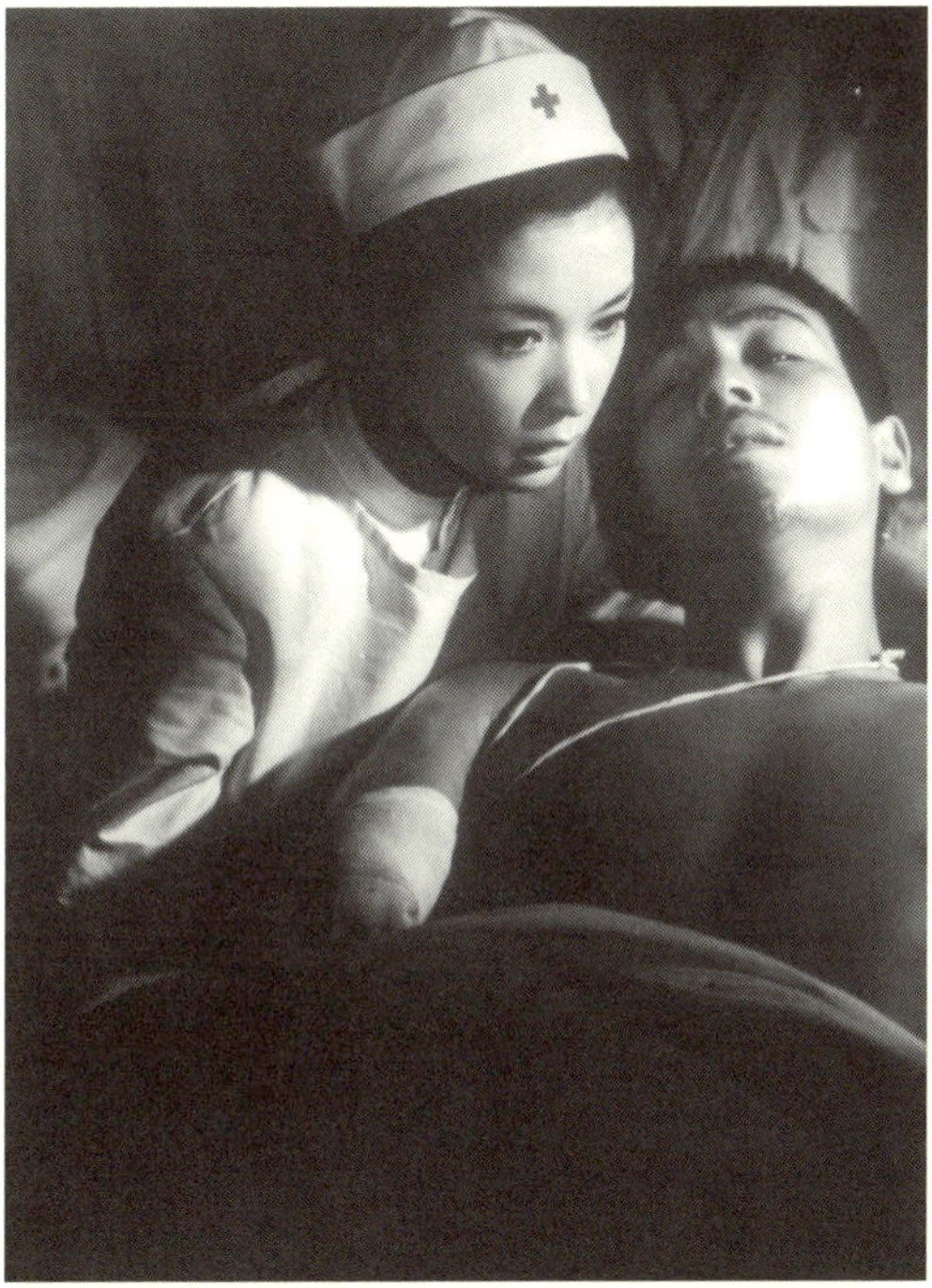

監督・増村保造、脚本・笠原良三、撮影・小林節雄、音楽・池野成、出演・若尾文子、芦田伸介、川津祐介、赤木蘭子

天使の存在は、実作者(原作者はじめ監督なども含めた)たちの頭のなかで考えられた虚構の産物ととらえることもできる。映画は、虚構的に昇華されていくかのような看護婦の若尾の目と体を通して、戦争下の男の性の実態に迫っていくように感じられてくる。

若尾が、芦田の部屋で過ごす場面で、芦田が看護婦の前では酔えないと言うや、すぐに若尾は下着姿になり、ベッドに座るシーンが出てくる。スリップとも違う独特の下着からは、胸の膨らみがやけに強調されている。ベッドにちょこんと座る若尾の姿がいじらしい。なかなか、そそるシーンである。

だが、芦田は手を出さない。彼は不能になっていた。二人とも、疲れきっているのですぐに寝てしまうのだが、昼近くなって起きた若尾は、下着が脱がされ、素っ裸にされていた。芦田はおそらく、性行為を試みようとして、ダメだったのだろう。だが、何もしていないという彼の言い訳をすんなり受け入れる若尾は、すでに芦田を好きになっている。

全く由々しき出会いではあったが、さきの夜の二人の会話は、愛の言葉の囁きに近かった、そのなかで、性の不在が、より一層愛の高まりを積み上げていくように描かれていた。ぐっすり寝た若尾のやすらいだ表情が、それを十分に表している。性は封じ込まれたが、精神的な愛は育まれたのである。

戦時下における男の性を、強く意識するようになったのだろう。天津の病院に戻った若尾は、担当になった両腕のない病人の川津祐介に頼まれるまま、男根を手でしごいてやるのである。戦地での芦田の苦労を思いつつ、それに少しでも報いるために、川津に性の手助けをするように見えてくるのが重要だ。いわば彼女は、性も生命もぼろぼろにしていく戦争という地獄に、男の性を潜り抜けながら、進んで参加していくのである。

このあたりから、若尾に変化が現れてくると言うべきか。男の性衝動を積極的に癒す存在としての自己である。その後、川津をホテルに連れて行き、好きなだけ見ていい、何をしてもいいと言って、堂々たる天使ぶりを発揮する若尾に、川津は恍惚となってしまう。

「これが最後よ」。「そうだね」。後日、川津はこの世に何の未練もないかのように、飛び降り自殺をする。その事実を知った若尾の独白が、「私は二人も人を殺してしまった」であった。

若尾は再び、芦田がいる部隊に行くのだが、ここで芦田が手術を躊躇する男がいて、手術をすれば男の機能が失われると判断して、そのまま縫合してしまうシーンがある。その思いを若尾に説明した芦田は、自分がモルヒネのせいで男ではなくなったと告白する。「西(若尾の役名の名字)、男にとって不能になることは、手足を失うことよりつらいことかもわからんぞ」。

ここで、ついに本作のもっとも切実で重要なテーマがあからさまになる。(男の)性の苛烈さ、切実さである。それでも、若尾は愛していると言い、若尾の気持をわかりつつも、どうしようもない芦田はこの場面では、ベッドで一緒に眠るしかない。

さあ、ここからがクライマックスである。映画史上、全く類例を見ない異様な愛の会話劇が始まる。長々と話の展開を書いてきたのは、その奇跡的な場面とセリフの異様さ、素晴らしさをより詳細に伝えるため以外ではない。

ここでは、さらに悲惨な戦地に行くことになった芦田に同行する若尾は、もはや天使なぞではなくなっている。一人の男を愛する生身の女として、モルヒネ中毒から芦田を救うために、禁断症状を起こした彼を縛りつけて毒素を追い出し、彼の性を回復させてしまうのである。暗い蚊帳のなか、静かな性行為を続ける二人の美しさと言ったらない。ここから続く二人の愛の会話に、感動しない者はいまい。

男の性を取り戻した芦田の「西、不思議だな」に、若尾は「西が勝ちました」と誇らしく言う。「昔の俺に戻った」。「軍医殿、さくら(若尾の役名の名前)を好きだと言ってください」「軍医殿を、独占したいんです」。

芦田の性行為のことを意味する「もう、独占しているよ」に、「心が欲しいんです」。まだ非情さが残る芦田は、「戦場では、心はいらん。快楽だけあればいい」。「西は嫌です」。「しかし、俺にはもう心はない」に、「西が探します」。「探します」。何と美しいセリフなのだろう。

もう一回、体を合わせたあと、芦田がついに究極的な愛の言葉を発する。「さくら」、「はい」。「好きだ」「今なら、愛しているとはっきり言える」「五体満足な俺たちは幸せだ」「しかし、明日にも、死ぬかもしれん」「それでも、いいのか」。若尾の応えが全く素晴らしい。「さくらは、今日のことしか考えません」。これほど感動的な愛の言葉は、映画でもそうそう聞かれることはない。

このクライマックスは、愛の協奏曲であるが、このあとにこそ、真に本作の瞠目すべきシーンが待っていたとは、映画の神でも察しがつくまい。最期の葡萄酒を飲みながら、芦田は何と、若尾に自分の軍服を着せ、ここから二人の上官と部下の立場が逆転するのである。

「女の兵隊だな」。この意味は深い。従軍慰安婦でも、従軍看護婦でもない。女の兵隊である。若尾の軍服がまた色っぽいのが倒錯的で、上官になった彼女は、自分の足を部下になった芦田にさすらせる。男の性や性欲に奉仕する女の天使は消えた。生身の女の西さくらが、立場を逆立して、上官をある意味、痛めつけているのであった。

全く、尋常ならざる愛のドラマが展開されていることに、ただただ驚くばかりである。この場面では、男の性に理解を示す天使的な役割も、さらに虚構と現実の区別もない。死を前にした男女が、性を介在させながら、精神と肉体の快楽をとことん燃焼しつくした姿が、奇跡的な美しさで表現されているのみである。本作は、恋愛映画の金字塔でもあった。

日本春歌考

一九六七年、松竹

大島渚監督の作品のなかでも、とくに奇態な中身をもつことで知られる。理屈で観ても、意味はわからない。そもそも、本作に何らかの意味はあるのか。だが、興奮させられてしまう。頭で考えるのではなく、春歌（猥歌）に身を委ねる作品だからである。タイトルにある春歌は、あの有名な「一つ出たホイのヨサホイのホイ」として、ほぼ全編に流れる。その春歌が、官能の呼び水となる。

春歌が、松竹マークを介して堂々と映画館で流れた時代があった。その事実だけでも、感動する。今の時代には、ありえない。「春歌は、民衆の抑圧された声である。だからこそ、春歌は民衆の歴史である」とのセリフが、本作に出てくる。それはストレートに、性を抑圧された民衆の恨みの歌でもあろう。春歌は、抑圧された下半身のうずきを癒し、なおかつ爆発させる。だから、本作からは官能の歌が聞こえてくるのである。

雪のなか、大学の受験が行われている。受験生の荒木一郎、串田和美らがたむろしている。タバコを何本も一遍に吸ったりしているが、恥ずかしながら、この場面を最初に観た高校生だった私も、大学受験のとき、真似をしたことがある。誰からも注目されなかった。

受験生にセーラー服姿の田島和子がいて、美人なので、男たちに囲まれている。荒木らは、彼女の名前を知りたがる。荒木らの付き添いの先生は、伊丹一三（まだ十三ではない）だ。生徒を連れ、飲み屋らしき場所にやって来た。周りにいる女生徒は、宮本信子、吉田日出子というすごい面子である。軍歌が大きく聞こえるなか、伊丹がいきな

『日本春歌考』　写真提供/松竹

監督・大島渚、脚本・田村孟、田島敏男、佐々木守、大島渚、撮影・高田昭、音楽・林光、出演・荒木一郎、小山明子、田島和子、伊丹一三

り「一つ出たホイのヨサホイのホイ」を歌い始めた。五つまでいく。

別の場所に行く。ここでは、春歌がある県を、歌とともに一つ一つ挙げていく。ここで伊丹が言うのだ。「春歌は、民衆の抑圧された声である」。このセリフを二度も書いたのは、本作の思想を、もっとも直接的に言いえているからである。それを知ってか知らずか、伊丹の横にいる宮本が盛んにビールをそそぐのが、今観ればとても意味深く思える。

と、ここで一気に話を簡潔化するなら、性欲の塊である男子学生たちの一人である荒木が、死に行く伊丹を意図的にそのままにし、伊丹の恋人の小山明子を巻き込んで、聖少女・田島和子に集団強姦を仕掛ける作品ということになる。

いくつかのシーンを振り返る。たとえば、学生たちが浅草の街を歩くところ。けばけばしい映画の看板やストリップ小屋を背景に歩く男たちをとらえた映像からは、若者たちの悶々とした性への淀んだ意識が溢れかえる。

この学生たちが、地下道で「一つ出たホイ」を歌うシーンは、淀んだ意識の発展形ととらえていい。歌をそれぞれの女生徒に合わせ、その空想の映像が出る。田島も出て、「四六九番(彼女の受験番号、名前を知らない)とやるときにゃホイ」と歌い、「名前、聞き聞きせにゃならぬ」となる。性をおちょくるギリギリのユーモアだが、笑い以上に、どこか切迫感があるのだ。

ここで、ついにセーラー服の田島を強姦する空想シーンが出てくる。受験生は試験に向かってい て、田島だけ上段の机のほうに引きずり出されるのだ。田島が穿いた黒ストッキングが、机下の左端から見える。田島が、四人に一人ずつ犯される。

田島のセーラー服は、今風の短いのではない。昔ながらの王道セーラー服で、そのエロティシズム(ここは、エロではないのだ)を存分に見せてくれる。田島はきつい顔をしているが、きつさと相反しない清楚な風貌は、王道セーラー服を着こなすのに、古典的にして完璧なまでに似つかわしい。セーラー服の紺色が実に鮮やかで、これがエロティシズムの香りを増幅する。

当時の男子高校生の憧れを象徴したようなセーラー服姿であり、学生たちのそれへ向けての性欲全開は、全く正しい。タバコのシーンは物真似だったが、私は本作を名画座で観た高校生時代、この完璧なお姉さまに欲情した。大島は、現実ではなく、空想で最高峰の女を犯すことの何物かを描く。これは、世のいたいけな高校生にとって、素晴らしい仮説であった。空想で犯せるのだ。

伊丹の死後、荒木が小山に迫るシーンでは、彼女を押さえつけ、「一つ出たホイのヨサホイのホイ」を歌い始めるのだが、小山は「もうその歌はいい」と言うも、荒木は「先生が歌っていた」と話す。結局、十まで歌う。伊丹の死の姿を彷彿とさせる後ろ向きになった小山の顔、首の白いラインが、とても官能的だ。荒木は、伊丹の棺の前で、小山を犯す。

その後、外に出た荒木と小山が、道路を歩くシーンの美しさといったら、全く想像を絶する。ここは官能描写云々を超えて、本作の白眉のシーンであった。画面上方には、ビルや家屋などが密集する街並み、手前(真ん中付近)は道路を歩く二人の上半身という構図が、この世のものとは思えないほど美しく、しかも異様なのだ。ゆるやかなカメラの移動のなか、二人には、微妙な色彩へと誘う照明が当てられている。

画面の下方に、車などいろいろなモノが、ときどき通過する。林光の突発的で効果音的な〝曲〟が、画面の異様さを一層盛り上げる。二人は、炭鉱の男女の性愛のことを語り合う。このシーンは、二人がセックスを終わったあとに続いて登場していることが、極めて重要である。

二人の道行きには、官能の余韻が、この世ならぬ美しい画面の構図のなかで、生々しく息づいているかのような興奮があるのだ。脚本、演出、俳優のみならず、撮影、美術、照明、音楽などの全映画スタッフが、それぞれの技術の粋を最高度にまで凝縮させつつ、この世からあの世へ、官能性なるものを越境させているかのようであった。

男子学生たちに連れられた吉田日出子は、ある集会に紛れ込み、「雨のしょぽしょぽ降る晩に」を歌う。彼女は、朝鮮人であった。集団が歌う「若者たち」に、「雨しょぽ」が対置される。何と、残酷な対比だろう。集団の若者たちは、「雨しょぽ」が気に入ったようだったが、「雨しょぽ」の歌の意味をまるでわかっていない。このねじれ状態は、ユーモア感覚というより、大島のある深い断念から生まれているようにみえた。

蛇足ながら、『日本春歌考』から数年後、ギリシャのテオ・アンゲロプロス監督が、『旅芸人の記録』で、歌と歌のぶつかり合いを、一つの劇的な効果として映像に刻みつけたことがあった。その先駆に、本作があったと言っていい。歌と歌のぶつかり合いは、それぞれの階層、思想の激突であり、それを理解した監督が、遠い異国の地のギリシャにいたのだった。

春歌は、政治的な意味も帯びた歌のぶつかり合いといった極めて動的な展開を見せつつ、ついに現実領域のなかで、性の営みへと越境する。というより、この最終局面の場面は、虚実を超えているとみたほうがいい。まるで、幻想劇のように展開されるからである。

空想で犯されたことを知った田島は、本当にそれができるのか、試そうと受験場であった教室に、荒木らを誘うのである。その気になった荒木らは、彼女をセーラー服のまま壇上の机に乗せ、スリップ姿にした。ここに現れるのが、髪の色がいつの間にか変わり、まるで古代の女性のような雰囲気になった小山だ。

小山は、歴代の天皇の話をし、「日本人のふるさとは朝鮮です」と言い放つ。さらに、田島が本当に犯されそうになるのを見て、自分のほうを犯してと服を脱ぎ、ブラジャーまで取ろうとする。そのふくよかな胸のラインが小山の持ち味だが、荒木との行為のような受動性、官能性は、まるでない。リアル感が、消えているのである。これは、まさに虚実を超えている。

田島は、上半身裸にされる(吹替えだろう)。満を持して、荒木がやって来る。田島は、「しんじつ…」(よく聞き取れない)と不可思議な言葉をかけ、うなずく荒木は田島の首を絞める。小山を犯したときと同じような構図にも見える。反り返る田島の首筋が露になる。

このラストの絵解きはすまい。本作では、春歌のもつ性的側面、中身自体の猥雑さとねじれ切った空間描写、そしてそこから生まれる人々の性のありかが、虚実を超えつつ、大胆極まる手法で描かれる。映画の官能性は、春歌が引きずり出す。全編の映像の色合いが、官能から導き出されるかのように、稀有な美しさを保っている作品。それが、『日本春歌考』なのである。

非行少年　陽の出の叫び

一九六七年、日活

本作は、私が映画を長年観続け、職業としてきた上で、とても大きな意味をもっている。最初に観たのが、公開年の一九六七年。私が、中学一年生の十三歳のときであった。官能＝性的な描写というものに、おそらく意識して初めて接した作品ではなかったかと思う。それが、いったい何を私にもたらしたのか。今回は、いきなりだが、次の文章から始めたい。

「モノクロ映像のなかで、女性がいたぶられている。その女性は回転椅子に縄のようなものでくくられており、周りを取り囲む数人の男たちによって、彼女は勢いよく振り回されている。いたぶりは言葉であったり、肉体の性的暴力であったりしているが、不思議なのは、カメラが女性の反応を集中的に捉えようとしていることだ。だから、その場面は被虐者としての女性の存在ばかりが目に焼きつくことになる。

女性はスリップ姿だ。ブラジャーが透けて見えていたかどうか。とにかく、そのスリップ姿というのが、鮮明に記憶に残る。その女性を演じている女優は有名ではないし、とりたてて美人でもない。だから、妙にリアリティがあった。言ってみれば、匿名性が醸し出す臨場感。そういえば、女性の周囲にいる男たちを演じる俳優も、無名の人達ばかりだったことを思いだす」。

この文章を、私は自身の映画批評集『日本映画への戦略』(二〇〇〇年発行・希林館)のあとがきに書いた。なぜか。一人の女が犯されそうになるその場面が、さきに記述したように十三歳の私の目に焼きついていて、映画批評における私の原点的な作品だったからに他ならない。その文章は、七〇年代に入り、名画座で何度も観てから、

『非行少年　陽の出の叫び』 © 日活

監督・藤田繁夫、脚本・埴谷淳、撮影・鈴木達夫、音楽・黛敏郎、出演・平田重四朗、三条泰子、久米明、長浜哲平

二十五年後ぐらいに書いた。だが今回、四十年ぶりぐらいに改めて観てみると（時制が、少しややこしいが）、その場面のいくつかの細部は、さきの文章と微妙に違っていた。

映画出演第一作目の三条泰子演じるその女性は、確かに回転ができる椅子に座らされてはいた。だが、「その女性は回転椅子に縄のようなものでくくられており、周りを取り囲む数人の男たちによって、彼女は勢いよく振り回されている」という後者の箇所が、そうではなかった。「数人の男たち」ではなく、一人の男であり、「勢いよく」ではなく、回転は一回きりであった。

さらに、「不思議なのは、カメラが女性の反応を集中的に捉えようとしていることだ」という箇所は、全然そうなってはいなかった。三条への集中的なアップは、このシーンにはなく、カメラは彼女と周囲の男たちを、均等にとらえていたのである。

ここで、そのちょっとした勘違いを訂正しようというのではない。その微妙な勘違い、否、差異こそ、映画の面白さであり、映画の秘密を解く鍵であるとさえ言える。とともに、その勘違いのなかに、その人なりの映画を観る根源的な意味が含まれていると感じるのである。つまるところ、椅子の回転の数、三条への集中的なカメラの構図が、私の記憶のなかで異様に増幅されていったのは、女性の肉体への強い関心から生まれていたに違いないと、今にして思う。

十三歳の少年の私は、女性の何たるかを知らず、ただその表層である肉体への当然過ぎる関心を、わが記憶のなかで異常に膨らませていったのだろう。そもそも、本作を観に行った理由が、タイトルにある「非行少年」であったことは間違いない。非行少年なら、女の裸が出てきても、何ら不思議ではない。おそらく、それのみに、それこそ「集中」して観に行ったに違いあるまい。

官能なんて気取ったしゃらくさい言葉など、当時知るわけはなく、ただただ、性への関心しかなかった。そこに、さきの場面が我が幼い目を突き刺す事態が起こり、興奮したのだろう。自身の記憶のなかで描写が肥大化し、変貌を遂げていった。別段、わかりきった説明をするまでもないが、勘違いを飲み込む見方もまた、映画には許されるであろう。末梢的な細部の描写をDVDで何回も見て、正確をきす風潮があるが、それだと、同時代に観た映画の大切な〝魂〟が失われていくこともあるのである。

さて、本作についてだが、すべての場面が美しいと言うに留め、実のところ、もう筆を進めたくないのである。理屈抜き、この作品のことを考えると、いつも十三歳の私に戻ってしまう。今回、十三歳の私の欲情する性意識を反映させつつ、今観ても存分に官能的だと思えた場面を、冒頭で指摘した箇所の他に、二つだけ挙げるに留めたい。

平田重四朗演じる主人公の純が、少年院から出て、保護司の久米明の家に厄介になるシーンが、冒頭近くにある。純と久米が、家がある坂を登るときに、木造家屋の二階の窓から、ちょこんと顔を出す三条泰子が、遠くからとらえられる。純(この名前は象徴的なので、ここでは本著定番の俳優名を記さない)と三条の間で、何かが起こりそうな官能の予兆の場面である。

別段、何事もないシーンではある。当時の一般的だと思える木造家屋の二階にいる三条と、道端の純とを同じ画面でとらえたに過ぎないのだが、妙に興奮してくる。木造家屋の切迫感(斜めの構図)と、窓枠の女のどこか挑発的にも見える(遠いの に、そう思える)顔との対比が、抜群の効果を生んでいる。

その窓枠の三条のイメージを頭に残していると、別の日に帰宅した純が、サングラス、白のノースリーブ、ショートパンツ姿で、庭で日光浴をしている三条を目にする場面が、とても危うい感じに見えてくる。三条の長く美しい足が、モノクロの映像で強調され、純は当然それを頭に入れている。と、行動を起こしたのは三条のほうだった。自室の掃除を手伝ってもらうために、三条は純を部屋に連れ込むのである。

純がその時点で、欲情を抱いたかどうかはうかがえない。あくまで、三条のほうが積極的だ。年上の三条は、純が部屋に入ってすぐに、彼が少年院に入った原因である強姦の模様を聞く。キスが目的だったと言う純を、三条は笑う。ウブな純を笑ったのだ。その高らかな笑い声が、何とも淫靡であった。

ここで純が切れる。当然である。挑発ばかりか、笑われたのである。危ないと思って逃げる三条に、純は何と壁ドンを仕掛ける。ドンドン。慌てる三条。二人は、片付け中の二つ折になったベッドのなかに崩れ落ち、姿が見えなくなる。三条の声が聞こえてくる。「キスだけね。キスだけよ」。

二人が、肉体関係をもったかどうかはわからない。ただ、この場面では、純を翻弄する三条が発散する性の匂いが、とても官能的だった。清楚さのなかに隠された性への強い関心が、微妙な按配で体全体から匂い立っている。それが、自身の挑発から刺激された純によってかき乱された感があり、その動揺と「キスだけよ」の制御感覚のアンバランスが、この場の官能度を高めていく。

とにかく、本作は、すべての場面が美しい。サッカーボールが、ゴールとなるスローモーションから、純が荷物をボールに模して蹴り出しながら、街へ赴くタイトル・ロール。黛敏郎のジェンカの曲に合わせて街に出る純は、道化たまま道路に倒れる。それを俯瞰でとらえた映像が、ただただ美しい。

公園で、純が夕日を背に、ジェンカを口笛で吹きながら踊り出す。すべてが無か夢になったかのようなこの場面は、映画史上、もっとも美しい瞬間の一つとさえ言っていい。鈴木達夫のカメラは、夕日を鮮やかにとらえつつ、純が束の間の至福のときを過ごしている瞬間を刻む。

純が仲間に刺され、ナイフが刺さったまま部屋に入って、「痛えなあ。助けてくれよお。このまじゃ、カッコ悪くて、嫌だよお」と言いながら、近くにあった新聞紙をちぎり、自分の体にばら撒いていく場面は、十三歳の私にとって、あまりに強烈過ぎて、生涯忘れることができなくなった。

この三つの象徴的な場面を演じた純役の平田重四朗は、幼き私にとってのヒーローとなった。平田は、そのあとあまり作品がないが、これ一本だけでも映画史に名を残すと言っていい。鋭い目がいい。それとは反するかのような、甘ったるい声がまたいい。このギャップが、彼の魅力だ。ぶっきらぼうだが、周囲に向ける視線が、とても優しいのだ。

仲間には、とくに優しい。自分を刺した弟分を見つけて、追いかけるシーンでは、追い詰めた弟分の頭を、紙切れのようなもので何回も殴る。だがそれは、自分のカッコ悪い体を隠したのと、同じ新聞紙なのだ。威力はない。それで許す。何だろう、彼の優しさと寛容さは。飄々としたなかに、きっちりとわきまえた自分の思想が、生き方そのものに貫徹されているからだろう。

純＝平田重四朗に憧れた理由が、今わかる。彼は、自由であった。だから、どのシーンでもカッコいいのだ。自由の地平を目指す純＝平田は、わが永遠のヒーローなのである。

ひき裂かれた盛装「夜間飛行」より

一九六七年、大映

大映京都の驚くべき作品である。本作もまた、本著で何本か挙げた作品とともに、映画史から全く忘れ去られた傑作であると言っていい。筋を追うより以前に、画面のただなかに身を沈め、その流れを感じているだけで幸福な気分にさせられる。その幸福感は、官能的な要素が引き起こしていることに、しだいに気づいていく仕掛けである。めったに得られる経験ではない。

もちろん、ここでも直接的な描写として、あからさまな裸、セックスシーンが登場するわけではない。だが、画面から匂い立つ官能の波の激しさが尋常ではないのだ。映画の官能性の意味が、全く多義的なものだということを、当たり前だが、この作品は教えてくれる。それは、研ぎ澄まされた技術の粋を集めた総合力のなかから、じわじわと、あるいは忽然と現れてくるものらしい。

冒頭、成田三樹夫と上野山功一が、ある会社に乗り込む。その会社が権利をもつ土地の分譲をめぐって、不正取引を行った現場を、盗聴で押さえた二人が、ゆすりに来たのである。成田は一方で、あるクラブを経営しているが、強烈な野心を燃やしていて、さらに金を手にすべく動き回っている。その矢先、彼は不正取引の片棒だったレストラン経営者の藤村志保と知り合うが、逆に取り込まれる。

二人で新たな金儲けを企むうち、藤村のバックにいて愛人である会社社長・小沢栄太郎の娘・安田道代と成田は愛し合うようになる。成田、藤村、安田の三角関係は、それぞれの生き方、考え方のもとに進展していくが、土地買収の失策などもか

『ひき裂かれた盛装「夜間飛行より」』 1967年製作 © KADOKAWA1967

監督・田中徳三、脚本・池田一朗、撮影・森田富士郎、音楽・鏑木創、出演・藤村志保、成田三樹夫、安田道代、小沢栄太郎

らんで、成田はしだいに追い込まれていくのである。

本作で、まず驚かされるのは、大映京都の技術スタッフの型破りの仕事ぶりだ。それはまず、大胆極まりない映像の多様な色彩として現れる。外景や室内を問わず、場面の随所で様々な色彩をもった〝モノ〟が登場するのである。そのモノたちの数々の色彩が、話の展開にえも言えぬ豊かな空間性を与え、それが画面の艶やかな官能性に結びつく。

最初に現れる色彩は車だ。成田が乗る小ぶりの車の鮮やかな赤色がそれで、あとから登場する安田が乗るスポーツカーの白色と、見事なコントラストをなす。成田の乗った赤色の車が、小沢が手配した青塗りのダンプカーに追われるシーンも出てくる。まがまがしいはずのダンプカーが、青色によってそのイメージが消され、サスペンス色から一転、まるでファンタジーの一齣のような気さえしてくる。

これらの車の色合いは、乗車する人間の微妙な心根を表しつつも、画面そのものを豊かにするために導入されていると見るべきだ。色に意味が込められていないとは言えないが、それ以上に、画面を色で埋めていくスタッフ陣の映像的な心憎い企みの結果と踏んだほうがいい。

色彩の次は、内装だ。天井から壁面まで、星がきらめく青っぽい空をあしらった藤村のレストラン。安田がよく行く喫茶店は、透明な壁面を介した白が基調のモダンな造りになっていた。さらに、成田が住んでいるクラブ兼事務所には、赤色の長いカーテンが幾重にも配されている。藤村の驚くくらい広々としたリビングや寝室には、白やピンクのカーテンが多くかかっている。小沢の殺風景な会社のオフィスにさえ、異様なほど長くて白いカーテンが居座っているのが、妙に目につくといった感じだ。

これらの色合いが、重ねて言うが、映画が放つ官能性と深く関係があるように感じられてくるのが、本作の全く得難い魅力だと言える。土地転がしをめぐる殺伐とした話が、様々な色調の世界のなかで繰り広げられるとき、どこか不確かで柔らかな触感をもったファンタジーのように見えてくる。それはまた、男女の三角関係の話に色彩の束が滑り込み、それが恋愛模様を一段と官能的な世界に導くことに通じるのである。

そのような色彩のファンタジーは、二つの場面でとてつもない成果となって現れる。四国の鳴門で、土地売買の話が進行しているさなか、成田は父・小沢と出かけた安田を追って行く。旅館から外に出た安田と、成田がばったり会う。ここもまた、色彩の宝庫になっている。廊下には敷き詰めた赤色の絨毯。この背後の風景と、黄色い服を着た安田の鮮やかな映像の重ね具合に見入っていると、二人は海に面した岸壁に降りて、次のような会話を交わすことになるのである。

安田「あー、いい気持」。成田の口からぱっと煙が出て、「うまい」。飛行機が飛んで行くのを見て安田は、「夜間飛行ね」「なんだか、とても心細そう。今の凜子みたいに」と、誘うように言うと、「あなただけじゃありませんよ」「僕たちみんな、いつでも夜間飛行をしているようなもんだ。それもレーダーもない、めくらめっぽうな夜間飛行だ」と、さりげなく会話を続けていく成田が、とんでもなく格好がいい。

「夜間飛行には、何を頼りに飛べばいいのかしら」に、成田は「星でしょうね。きっと、みんな自分で決めた星をひそかにもっていて、それだけを頼りに危ない飛行をしているんだ」。「佐倉さん(安田の役名の名字)の星は何」と言うや、「愛だわ」と断言し、「あなたは」と質問すると、成田は少し戸惑い気味に、「金、いや金を手に入れるための戦いだったかもしれないな」。

この夜間飛行をめぐる二人の会話を長々と書いたのは、本作の主題が、この場面に見事に凝縮されているからに他ならない。会話には、キラキラ光る海の波と、静かに飛んでいく飛行機の姿が重ねられ、全くこの世のものとは思えない幻想的で美しい光景が生み出されている。夜間飛行そのものは、ここでは色彩として現れていないが、ここの情景が、以下のラストシーンにつながっているから、この映画の劇構造のすごさはただごとではない。

成田を諦め、新たな道へ踏み出そうと、希望を胸に秘めたかのような藤村が笑顔を浮かべながら、レストランの黒いカーテンを開く(客に、年をとった伊達三郎がいる)。鏑木創のモダンな曲が、藤村の気持のように弾んでいる。

「飛んでますわ。夜間飛行が」と言うや、飛行機の飛行灯とおぼしき赤、白、緑の色彩が、藤村の顔にダブって流れる。ここで、いくぶん顔を上げ、微笑を浮かべた藤村の、彼女の女優史上でもっとも美しいと思われる表情の一つがとらえられるのである。

彼女は、星を散りばめた青い壁を背後に、白い着物を着ている。このラストシーンにおいて、それまで、様々な形で映画に点在してきた色彩の束が、見事に総合化して画面いっぱいにあふれかえる。官能は、色彩の洪水から生まれていくのである。

監督の田中徳三は言うに及ばず、撮影の森田富士郎、美術の内藤昭が、渾身の仕事ぶりを見せる。あまりの贅沢な映像美に、ただただ茫然となるばかりで、映画の官能、快楽を、これでもかこれでもかと叩きつけられた感じがするのである。
成田、安田、藤村の三人にとっても、代表作の一本と言って差し支えない。優しい素振りと言葉遣いが、野性味とダンディーさの持ち味と矛盾しない成田は、他の作品で観られるかどうか。一箇所、生涯最高とも言えるアップが登場する安田の顔のカットを見逃したら、一生の後悔となろう。着物姿でなければうかがえない撫で肩の線に定評のある藤村は、生涯最高クラスの色気を見せてくれた。いやはや、全くもって本作は、日本映画の宝である。

ひき裂かれた盛装「夜間飛行」より

痴人の愛

一九六七年、大映

谷崎潤一郎作『痴人の愛』の三度目の映画化である。すべて大映作品だ。よほど大映は、この原作にこだわりがあるとみえる。エロを出しやすいとともに、中年男と若い女の〝古典的〟とも言える愛欲の話を、男性が比較的好むとの判断が強いから、企画が立てやすいのだろう。

この増村版は、時代を当時の現代（六〇年代末）に設定し、譲治は機械組み立ての技師。ナオミは、貧しい地区のしがない飲み屋の娘という設定になっている。二人はすでに暮らしている。これは、京マチ子版の『痴人の愛』と同じだ。譲治は小沢昭一、ナオミは安田道代が演じる。

増村監督にとっては、谷崎原作の映画化の二作目にあたる。一作目の『卍』では、若尾文子と岸田今日子の魅力をとことん引き出した増村だったが、本作では安田のギュッと引き締まった肉体に照準を合わせた。しかも、その照準の仕方が、いかにも増村らしかった。それは映画が始まってすぐ、小沢がカメラで撮った安田の水着姿や裸体の数々の写真を、異例の長さで画面に刻み付けたことであった。

この写真の野性児のような肢体と、睨みつけたような鋭い目をもつ安田が、とても魅力的だ。喫茶店のウエイトレス姿から、しだいに大胆になっていく彼女のちょっとした成長譚のような時のうつろい方が写真に刻まれ、貧しい出の悲哀感を漂わせつつも官能的なのである。

よく知られる『痴人の愛』的な話のつながりのなかで、彼女の写真が大きな意味をもつのではない。いわば写真は、映画で以降描かれていく話の展開とはほぼ切り離されている。だから、写真の安田の生々しさは虚実を超える。

とともに、小沢が撮った写真の数々から、増村が抱く官能描写の狙いがどこにあるのか、非常にわかるようになっているとも言える。ここは、貧しい生活ぶりのスナップ写真が、少女の色気を存分に感じさせた関根恵子主演の『遊び』の導入部と極めて近い関係をもつ。

写真のあとには、風呂場で小沢が彼女の全裸の体を洗うシーンが出てくる。吹替えもあるように見えるが、安田は裸を結構露出している。小沢が泡をたてて胸を揉むと、安田(吹替えの可能性あり)がしだいに燃えてくるのがわかる。実は、このときまで二人は性的な関係はもっていない。初めてここでセックスをするのだが、何とそこを隣の医者の内田朝雄(相変わらず、芸達者だ)が見ていた。下半身に泡があるだけの横たわった全裸姿を、内田は双眼鏡で覗いている。

京マチ子版と同じく、絶えずナオミの裸の露出が強調されたシーンが続くが、極めつけは、小沢と住む家に、遊び仲間の田村正和と倉石功がやって来て、四人がダブルベッドで寝そべるところだろう。倉石、田村、小沢は横になって寝ており、黒のブラジャーとパンティーだけの安田の股のところに倉石の頭がくる。田村と小沢には、安田の足の部分があてがわれる。

ここで、唐突に体の向きを変える安田は、三人の上半身のほうに横になって寝そべる。両足が田村のところに行き、小沢のほうには安田の顔部分だ。一人対三人という構図で、このとき、田村はペロペロと安田の足を舐めるのである。三人のうち、田村がもっとも興奮気味なのが面白い。クールな「古畑任三郎」からは想像もつかない彼のだらしない姿は、お宝映像でもあろうか。それでも、一定の節度をもっているように見えるのが、さすがは俳優のサラブレッドだと感心する。

ただ、この一連のシーンとて、安田のスナップ写真における物言わぬ挑発的で、野生的な肢体のエロの素晴らしさには叶わない。動かない写真が、うごめく裸体より官能的なのは、いったいなぜなのか。ここに、増村演出にみなぎる官能性の秘密を解く鍵があろう。お定まりのわかりすい裸

『痴人の愛』 1967年製作 © KADOKAWA1967

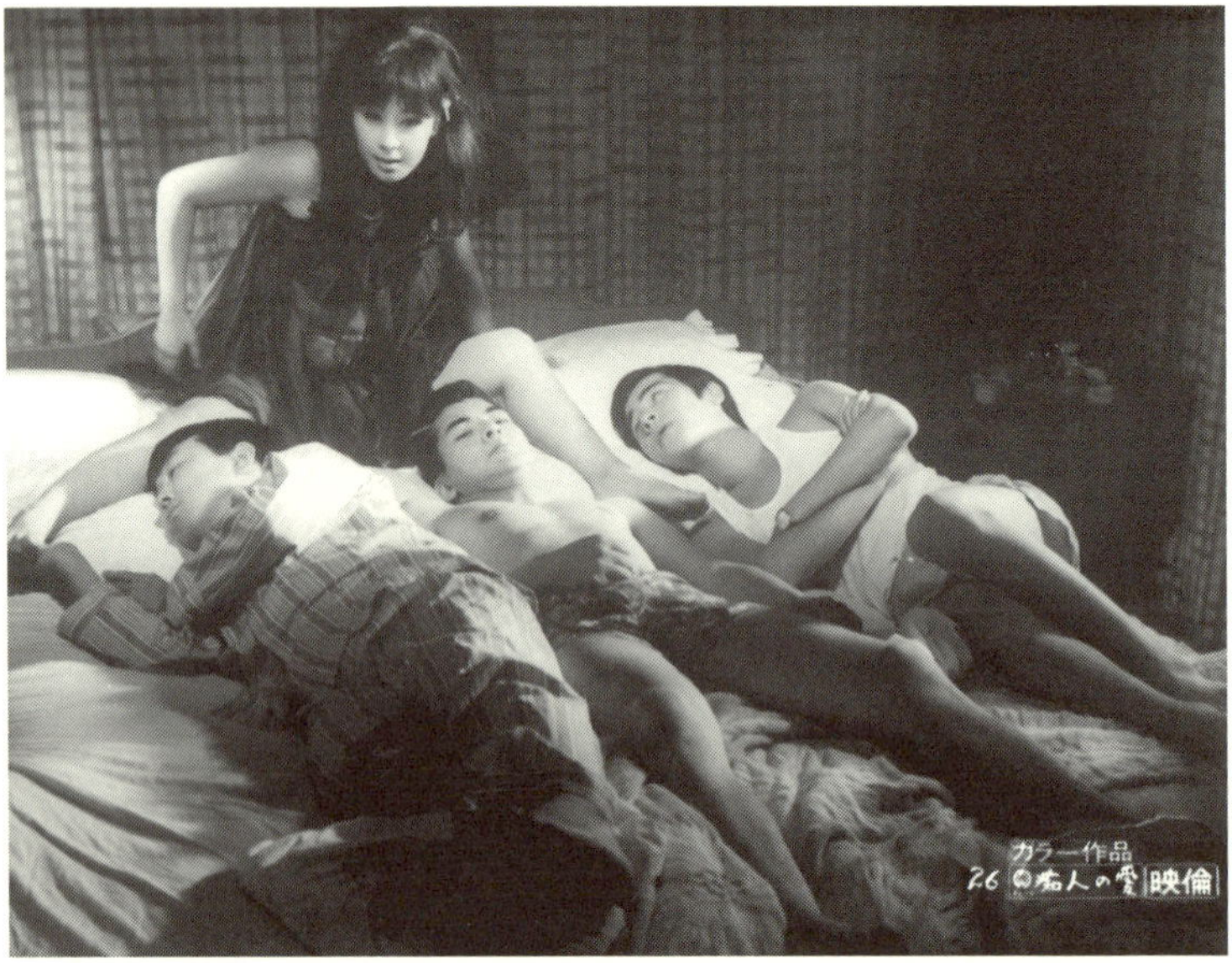

監督・増村保造、脚本・池田一朗、撮影・小林節雄、音楽・山本直純、出演・安田道代、小沢昭一、田村正和、内田朝雄

のエロを入れておけば、官能描写になるかというと、そうはならないところが映画なのである。

官能とは、人間の見方であり、観察眼なのだと痛感する。つまり、増村は官能描写の切り取り方に独特な視線、体質(見方、観察眼)があり、それは直接的な描写を超えて、観る者の欲情を熱くする場合がある。一連の写真が、それである。さらに、ナオミという名称がもつ記号的な官能性とも、それはつながっているような気もする。こんな会話が、奇妙に耳に残る。

男たちの〝共同便所〟化が小沢にばれ、倉石にも振られ、自暴自棄になる安田だったが、田村は意外や、彼女への執着の度合いを強くしていくのだ。このあたりで、田村と小沢の本音が出る。田村が「ナオミ、全くいい名前だ」と言うや、小沢も「ナオミー」と言い放ち、田村はさらに「ナオミ、いい女ですよ」と、ダメ押し的に「ナオミ」を連呼するのである。

ここに至って、ナオミが、一個人のものではなく、男たちにはある共通性をもった、かけがいのない名前であることが知れる。谷崎原作のナオミからして、そのような記号性があったと思うが、本作ではさらにその意を突き抜け、ナオミがナオミとして、男たちが求める官能の女の象徴的な貌として描かれるのだ。演じる安田もまた、スナップのなかに象徴的に閉じ込められたことを思えば、その抽象性は明らかであろう。本作のナオミという存在は、虚構、抽象性のなかで、とことん昇華されているとみるべきだろう。

谷崎の『痴人の愛』という原作を借りてはいるが、そこから原作と映画の違いを云々しても全く的外れになる。『痴人の愛』は、あくまで題材であって、増村の主眼は、ナオミと安田道代の抽象的なまでに昇華された女と女優の生々しい像であったと思う。

ラストは、小沢が安田に泣きついて、家にいてもらうようになる。京マチ子版のように、道徳的な軍門に下ることなく、安田は小沢から何をやってもいいという言質をとる。安田もまた、小沢が必要だと言う。お馬さんのシーンでは、増村演出らしく、安田が打つ鞭の音が際立つ。

この強烈な鞭の音こそ（増村的な音の強調）、二人を結びつける強固な糸のような役目を果たすのであり、その音が、お馬さんの行為が示す以上に、官能の調べのように響いてくる。二人は結局、どちらかの手に落ちたのではない。官能の鞭の音に寄り添うように、二人は同一化するのだ。それは、増村的な愛の決着点でもあった。

セックス・チェック　第二の性

一九六八年、大映

　これほど過激で究極的な恋愛劇は、そうざらにあるものではない。本作の真の狙いが、官能を介した愛の物語であることが、唐突にしかも必然的に知れてくるラストは、涙なくして観ることはできない。

　話的には、性を題材にして、陸上競技の内幕を描く作品である。この企画力に、まず脱帽する。いわば、性とスポーツの問題作である。原作は、坊さん作家の寺内大吉。初めに性ありきという企画であったろうと思う。それも、肉体上の性の悩みをかかえる女に、常識を逸脱した鬼コーチをつけるというのだから、奇抜さを通り越して、この企画には、どこか狂気的な匂いもしてくる。

　コーチの緒形拳の無茶苦茶ぶりは、彼の代表作の一本である『復讐するは我にあり』の犯罪者と同等か、それ以上とも言っていい。とにかく、凄まじいのだ。戦前最高の百メートル走のスプリンターであった彼は、昭和十五年の東京オリンピックが中止になり、戦争に駆り出されて戦後は自暴自棄になり、女たらし、ヤクザな風情に身をやつしているという設定である。

　その頃、ライバルだったのが、今や医学博士まで上り詰めた滝田裕介だ。スプリンターの道を早くに諦め、スポーツ医学で出世を目指す男だが、緒形を、自身が医局を任されている大手電気会社の陸上のコーチとして迎え入れようとしていた。

　渋々コーチを受けた緒形だったが、社内の体育館でバスケットをやっていた野性味あふれる女性社員の安田道代を見つけ、彼女をスプリンターとして、育て上げようとする。だが、記録を伸ばしていく過程で、彼女が男と女の二つの性器をもっていたことが知れ、二人はある意図をもって、さらに陸上にのめり込んでいくのだった。

　緒形の私生活の無茶苦茶ぶりは、競技に賭ける狂気じみた熱意が原因である。競技への尋常ではない取り組みが、私生活の乱れに通じる。日常の常識も、競技の邪魔になるという考えである。そこまで、スポーツ競技にのめり込むことができないと、世界と勝負することはままならない。

　緒形が、滝田と彼の妻・小川真由美と三人で会う場面では、滝田がこんなことを言う。昔、緒形が怖かったと言う小川に、それがスプリンターの本当の姿だと。自分は凡人だが、緒形は違う。十秒に人間のエネルギーを詰め込むことに賭けた人間だから、怖いと感じるのだと。緒形の傍若無人な行動を裏付けるような言葉である。


　話の展開上、滝田との関係をより複雑にする意味もあったのだろう。緒形が小川を犯す場面も出てくる。ことが終わって通りすがりの壁にこぶしをぶつけ、夜道を全速力で走るシーンは、彼の底知れないエネルギーが、性欲と不可分であることがわかる重要な場面だ。その後、五輪を中止させ

『セックス・チェック　第二の性』 1968年製作 © KADOKAWA1968

監督・増村保造、脚本・池田一朗、撮影・喜多埼晃、音楽・山内正、出演・緒形拳、安田道代、小川真由美、滝田裕介

た戦争で、狂ったように女を犯すシーンも出てくる。戦争は、彼の非常識を、さらにすさんだものにした。

このエネルギーの発露が、安田への並みはずれた指導ぶりを生む。滝田のところに連れて行って、安田のケツが素晴らしいと言っては揉み、腿を触りまくる場面は、その後の二人の関係を象徴するかのように、本作のもっとも肝と言える場面だ。

緒形は、小川とのことがあったので、以降女を断つと宣言し、安田のみにエネルギーの矛先を定める。女として、入れ揚げるのではない。百メートル競技で、五輪(メキシコ)に行かせるためである。それは、彼女との過度の密着感を高める。部屋に連れてくるや、安田を膝の上に乗せて話をする。練習とは関係ないのだが、それが不思議と不自然さを感じさせない。とともに、性的な接触とは違うのに、妙に官能的なのである。

密着度は、練習では指導のなかでより一層現れる。性的な意味はまるでないのに、練習風景が官能性を帯びるのだ。部屋に戻れば、安田の足や尻を揉むマッサージとなる。もろに触るわけだから、指導のときより、かなり露骨な行為に見える。このマッサージは、安田への愛撫にも見えてくるので、官能性は際立つ。

それらの密着感は、緒形の側に何の性的な邪念がないので、嫌らしさはないのだが、触感そのものが官能性を帯びるふうに描かれるのが重要である。男女関係が深くないと、あのような接触はできない。にもかかわらず、指導者とアスリートという関係だけで、男女関係以上の密着感が現出していることが、異様な描写力となって、官能の扉を開いていく感じがある。

緒形を忘れられなくなった小川が、彼を訪ねてくる場面では、安田の側が官能をちらつかせる。その場には、緒形と一緒に安田もいるのだが、すでに緒形を愛し始めている彼女は、彼の膝にぴょこんと乗るのである。

そのとき、小川に向けられた言葉が、「帰れよ」。男言葉にされた安田の挑発的な態度に、小川は驚く。安田が緒形の膝に乗るシーンは、自身が率先して行い、小川への対抗意識となっているだけに、より官能性を帯びる。その密着度、官能の度合いを高める行為を自分で作り、それが結果的に小川を遠ざける引き金になる。

安田がセックス・チェックを受け、両性の性器を持っていると判断されたあと、それなら女にしようと、緒形は彼女の故郷である伊豆にまで追いかけて行く。母役は、『でんきくらげ』の怪演が印象深い村田扶実子だ。彼女の真骨頂である度はずれた嫌らしい演技が健在で、話の展開上とは関係ないが、ここは全くうれしくなる。

緒形は、安田をここで女にする。つまり、セックスをするのだ。ただし、夜だけだ。昼は練習だ。どちらも、「命がけでしろ」には、凄まじさを通り越し、笑いさえ忍ばせる。このグロテスクさが、増村演出である。さらに、性行為が、まるでマッサージに見えてくるところにこそ、逆立した構図があると言うべきか。マッサージが官能性を帯び、本来官能性そのものとして機能すべきセックス行為が、マッサージ化する。

ついに、安田に生理がきた。緒形は、彼女の手を股ぐらにもっていき、それを確かめさせる。これほど、衝撃的な初潮(なのだ)のシーンも、めったにあるものではない。だが、スポーツ＝陸上競技の恐ろしさは、これからだ。

女になった安田は、記録を下げてしまい、五輪どころではなくなった。女になって、記録を伸ばした原因たる性に悩んでいた頃の野性味、ハングリー精神を失いつつあったのだ。陸連の幹部・早川雄三と電気会社の幹部・内田朝雄に問い詰められるが、ここで絶望するかと思った緒形の態度が、全く意外なものであった。

ラスト、うちひしがれる安田のところに赴き、「みんな消えちゃったな。ひろ子(安田の役名の名前)以外は」。「行くか」と言って、安田の肩を抱き、二人は歩いて行くのである。この愛の告白のようなセリフは泣ける。これから、何が起きようとしているのか、よくわからないような安田のとぼとぼ歩く姿が、またいじらしい。過激にして究極の恋愛劇は、こうして幕を閉じる。

安田道代は、野性味に溢れ、見事にアスリート役を演じてみせた。彼女の代表作の一本だろう。力強く走る場面が何度も出てくるが、どれも申し分がない。増村は、彼女の顔のアップを全く撮らず、ただただスプリンターとして躍動する彼女の肉体のみを集中してとらえている。安田の男言葉が、逆に可愛く聞こえてくるのは、彼女が漂わせる官能性の強さゆえだろう。

ただ心残りは、妖艶な小川真由美を狂わせたことだ。安田と対極な官能美をもつ小川には、別の出番があったはずだ。その後、増村作品に、小川の出演はない。

でんきくらげ

一九七〇年、大映

一九六八年、十七歳でデビューした渥美マリにとって、増村監督とのこの初コンビ作は、まぎれもない代表作になった。増村という人は大映にあって、当然ながらその都度のベテラン女優や新人女優をあてがわれるのだが、多くの女優が、彼独特の選出手法のもと、演技開眼に行き着くケースが多い。渥美マリもまた他の女優と比べてみても、増村によって、より一層その才能を開花させた一人であった。

タイトル・ロールに震える。マリが寝ている場面で浮かび上がる「でんきくらげ」という字体が、どこか震えたような趣をもち、そこに林光の例によってもの悲しくも叙情的な曲がかぶさる。林の曲は、本作の一方の主役とも言えるほど、圧巻の出来栄えである。

俳優名が登場していく過程で、朝を迎えたマリが、着替えをしていく姿がとらえられる。幾分憂いのある表情のマリは、ベッドから起き上がり、ブラジャーをつけ、パンストを穿いていく。これだけのことなのに、ジーンときて、私は涙さえ流す羽目になった。涙の理由は、よくわからない。ワンカットだけ、マリが住む古い木造アパートの外観が写る。これが絶妙なコントラストをなす。

洋裁学校に通うマリは、玉川良一、母の根岸明美のもとで暮らしているという設定である。自身は、まっとうな暮らしだ。玉川とは、血がつながっていない。好色を絵に描いたような玉川は、当然ながらアパートの部屋でマリを犯してしまう。それを知った根岸は怒り狂い、玉川を刺して刑務所に行く。

根岸がつとめていたバーのママ・中原早苗の誘いに乗り、バーで働くようになったマリは、ここで、あるヤクザの餌食になる。だが、間に入った銀座の高級クラブのマネージャー・川津祐介に引き抜かれ、得意の博打で客筋をつかんでいく。川津、川津の恩人でクラブのオーナー・西村晃らを巻き込んで、マリはのしあがっていくかに見えたが、西村の突然死で、彼女と川津の運命は予想外の展開を見せていく。

マリが、玉川に犯されるきっかけになるのが、ポーカーだ。マリが博打好きなのを先刻承知の玉川が、それで釣るのだが、ポーカーをするマリのスカートからのぞくなまめかしい足が、何とも危うい。それを見逃すわけがない玉川が、何の躊躇もなく、獣のように彼女に襲いかかる。

その速さに呆れかえる。玉川はこのあと、逆上した根岸に殺される。ちなみに、彼がマリの父で、バーのマダムの根岸に騙される設定の『しびれくらげ』における三者の役柄の違いを頭に入れると、この作品の面白さがまた、格別ということになる。

それはともかく、本作の白眉とも言っていい二つの官能シーンを挙げてみよう。一つが、つとめているクラブオーナー・西村晃の妾になるマリが、彼の執拗な愛撫に身を任せている場面だ。頭に寝巻きの帯を巻いた西村は、上半身裸で、赤いタオルのようなものを下半身につけているマリを執拗に愛撫するのだが、これがなぜかマッサージのように見えてくるのが面白い。

西村は、まるでマリの体をこねくり回しているかのようで、何やら息も絶え絶えの西村の必死の形相が鬼気迫る。彼が言う「不思議な奴だ。この体のように」は、肉体と精神の双方を、「不思議」という言葉で表し、まさに彼女が、女で食ってきた西村をさえとろけさせるほどの肉と心の逸材であったことを示す。

二つ目が、川津とマリのセックスシーンである。西村の死去から、強欲な親戚一同が現れ、マリには何の相続の権利がないことから、二人が一芝居打つ。川津とマリの間に子どもを作り、相続を得ようという魂胆である。そこで二人は、ラブホテルで、セックスにのめりこむというわけだ。

ちなみに、親族の一人、村田扶実子が、妾のマリに相続させてはなるものかと、恐ろしいほどの剣幕を見せる。ドスのきいた「アバズレ、売女」の声がとどろく。増村の過激演出が、村田の演技によって一段と高揚していくかのような趣で、画面がひび割れかねない大迫力を生む。マリの腹さえ蹴りつける獰猛さは全く想像を絶し、村田扶実子という女優は、オーバーではなく、この役だけで日本映画史に名を残したと言える。

さて、ラブホテルである。二人がいる回転ベッドが、徐々に動き出している。始まりだ。川津はマリの胸を触り、ここでは彼女の胸がはっきりと見える。感極まったマリが「いい気持。楽しい」と言うや、川津も「僕も楽しい」と思わず言ってしまうおかしさはともかく、子どもを作るという大目標があるとしても、このセックスシーンは迫力がある。

川津はこの場で、弁護士の資格を剥奪され、自暴自棄になっていたと告白してしまい、興奮のあまり、「君のおかげで、真面目な男になったんだよ」とさえ言ってしまうほど、無防備になった。否、させられた。マリは、彼の言葉をどこまで聞き取っ

監督・増村保造、脚本・石松愛弘、撮影・小林節雄、音楽・林光、出演・渥美マリ、川津祐介、玉川良一、西村晃

たかは不明のまま、惚れ合った男女のように体を満たしていく。ただどこか、ある断念の意思があるように感じられるのは、その理由があとあとの展開でわかる。

その場面でさらに驚くのは、もっと愛してと、マリが何回目かのセックスを川津に望むや、ベッドが回転の度合いを速め、猛烈な勢いで回り出すことだ。「みんな食べて」「食い殺してやりたい」。このセリフこそ、マリの本音だろう。この本音をはらませた、どこへ向かっているのか不分明な彼女の強い気持が、ベッドの激しい回転具合に重なるのが見事なのである。

マリが妊娠して、二人はまんまと億単位の金をせしめた。そこで川津は、マリと所帯をもとうとするが、マリは堕胎までして拒否するのだ。意外な展開である。理由は、自身が西村の妾になる際、彼が反対しなかったことによる。マリは、そこで「(川津への)愛はなくなった」のである。

だからと言って、ラブホテルの一夜は、マリの金銭欲しさの偽装のセックスにはならない。快楽と金と、(愛の)断念の意思が入り混じり、それこそが人間の激しい営み、生命力だと言わんばかりに、一瞬のセックス＝夢をむさぼるのである。マリの断念の強さは、死と裏腹にある。死と境を接しているからこそ、生命力として光り輝くのである。

さて本作は、根岸明美という女優の増村監督による三部作の第一弾として位置づけられることを、この場で確認しておきたい。本作に、その後続く『しびれくらげ』と『遊び』を加えた三作品を、私は増村＝根岸三部作と密かに呼ぶ。

『でんきくらげ』は、男好きの人のいい女。『しびれくらげ』は、美人局を平然とやる、たちの悪いバーのママ。『遊び』は、飲んだくれのおでん屋台の女将というのが、それぞれの彼女の役柄である。

すべて、増村的な大げさなセリフ回しと、攻撃的な性格、動作で周囲に突進していく役だが、いずれも監督のそのような演出の意図に応え、見事な成果を見せている。おそらく根岸は、増村にもっとも愛された女優の一人ではなかったか。それは、根岸が見せた演技の質が、単なるオーバーアクションに堕さず、自身の個性のなかで繊細に昇華された結果、それが丸ごと人間の生命力の発露に結実していたからだと思う。

本作に、こんなセリフがある。ラスト近く、収監中の根岸が、大金が転がりこんだ報告がてら、面会にやって来たマリと川津に言うのである。

「もう、たくさんなんだ、こんなとこ。あたしゃ、参ってんだよ。くたばりかかってんだよ。由美(渥美の役名の名前)、わかるだろ。わかってくれよー」。

セックスのことを言っているのである、面会に来た娘のことを差し置いて、早く男とやりたいと言っている。その言葉が、リアル過ぎて生々し過ぎて、全く恐れ入る。しかも、ユーモアがある。

『でんきくらげ』に残る女の色香は、その余韻を残した『しびれくらげ』を経て、色香が踏みつけにされるかのように、みじめさのみが際立つ『遊び』で幕を閉じる。根岸明美という女優の素晴らしさは、増村演出で突出したことは、何度でも強調しておきたいと思う。

でんきくらげ

やくざ絶唱

一九七〇年、大映

映画デビュー作となる岡本喜八監督の『肉弾』（六八年）で、いきなりヌードを披露した大谷直子が、大映に招かれて出演した作品である。増村と組ませた大映の狙いはズバリ、エロ＝裸だったと思う。これが見事、狙いどおりになった。

勝新太郎が、ヤクザの幹部を演じ、父が違う妹が大谷である。異常なほど妹を可愛がる勝は、同居している情婦の太地喜和子が、いくら誘っても応じない。それなら暮らさなければいいと思うのに、暮らし始めた頃は満更でもなかったのだろう。だが、勝のあまりの冷たさに、太地は出て行ってしまう。

大谷は、兄の過剰な愛情に嫌気がさし、教師の川津祐介に処女を捧げる。川津は結婚を迫るが、大谷は兄に反抗するのが目的だったので、それ一回で割り切る決意を示す。その後、離れている実父・加藤嘉が、養子の田村正和を連れて現れ、大谷はしだいに田村に惹かれてく。一方で勝は、組織を揺さぶる対抗組織の幹部を葬ることを指示されている。妹と田村の関係を知り、自暴自棄になるのは時間の問題であった。

大谷直子、まさかの高校生役だ。セーラー服ではないが、女子高生の制服姿が、何とも変てこで、どう見ても顔が高校生ではないのだ。だが、最初の不自然さが、しだいに見慣れていくと、妙に色っぽい風情が漂ってくるから不思議である。大谷は、このとき実年齢が二十歳の頃。高校生を演じてもおかしくはないが、どうにもチグハグな感じがあって、これが逆に色っぽく、独特の官能美に結実したのは、増村演出のおかげだろう。

冒頭から少し経って、こんなシーンにドキリとする。パジャマに着替えた大谷が布団に入ってい

『やくざ絶唱』 1970年製作 © KADOKAWA1970

監督・増村保造、脚本・池田一朗、撮影・小林節雄、音楽・林光、出演・勝新太郎、大谷直子、田村正和、荒木道子

るとき、勝がやって来て、彼女の足や臀部のほうにへばりつくのである。大谷は起きているのだが、満更嫌でもない素振りで、押し黙っている。勝は別に性的な意味でしているわけではないのだが、その妙な格好自体が、性への無意識の接近を予感させて、官能への入り口を示唆しているようにみえる。

教師の川津のアパートに、いきなり行くのには驚かされる。その前に一回しか会っていないのだ。意を決した大谷は、行く前に風呂に入り、唇に紅をつけて念入りに化粧し、勝に貰った浴衣に着替え、これも勝のプレゼントの小さなバッグを持って出かけて行く。勝の横暴さから逃れるために処女を捨てに行くのに、彼から貰った〝モノ〟を身につけるのが、大谷の複雑な心境、行為を表す。

赤味がかった浴衣姿の大谷に、惚れ惚れとする。引き締まった豊満な体の上にピカピカの浴衣を着るので、性の匂いがプンプンしている。彼女の目的を知るはずもない川津が、我を忘れてむしゃぶりつくのは、全く致し方ない。会話もほとんどない。大谷が部屋に入るなり、すぐにこんな言葉を放ったからである。

「帯を解いて。胸が締め付けられて、苦しいの」「先生、好きなようにして。何をしてもいいわ。みんな、あげる」。処女の大谷が、こんな言葉を言えるわけはないのだが、これはリアリズムでいて、リアリズムではない。というより、そんなことはどうでもいい。大谷のセリフに、ただ欲情するのみである。川津は、当然沈没する。

帯を解くシーンが目を見張る。増村調の大きな音が、大谷が帯に触れるたびに、ビシビシ鳴るのだ。これが、実に官能的である。帯を解き、中の紐に触れるときも、音は一際高鳴る。ベッドで横になり、浴衣をはだけた大谷が、目をつむるシーンであっさり場面は切り替わるが、帯と紐を解く音の高鳴りが、性行為以上に官能性を呼び起こすのが、いかにも増村的だと言える。

川津とは、それが一回きりだが、退学するため、高校に行った先で再会する。そのとき着ている白地に黒玉模様が目立つミニのワンピースの大谷が、何ともエロティックであった。大谷は、全体に筋肉質的な締まった肉体と、足のふくらはぎのボリューム感が抜群なので、ミニのワンピースが一際映える。

大谷の実父である加藤嘉の養子になった田村と海に泳ぎに行くシーンでは、彼女のビキニ姿が見られる。濡れた砂にまみれた二人が抱き合う場面は、サービスカットのような気もする。流れ的に、少し不自然だからだが、そんなサービスカットであっても、増村の演出には何のてらいも濁りもなく、堂々とエロを描く。

勤務先の上司・早川雄三(相変わらず、中途半端なワルぶりが絶妙だ)に誘われ、ホテルに行くも(関係を)拒絶した大谷はその後、すぐに田村を呼び出す。大谷は、何とスリップ姿のまま、田村を迎え入れるのだ。早川を拒絶したものの、体がほてっている感じもあり、スリップになっていたのではないか。これは、川津を受け入れたときの大胆さと同じである。

スリップの下はブラをしているのかどうか(たぶん、していない)、乳首が見えそうな感じもあり、その堂々たる肉体の誇示は、勝を吹っ切る決意のカードにも見えた。ベッドでからみ合う二人からは、大谷の乳首が一瞬だけ見える。二人は、ここで初めて結ばれるのである。

ベッドで、いったい何回性行為をもったのか。終わったあとに、彼女は「もう死んでもいい」と言う。『遊び』の関根恵子もそうであったが、官能、性の歓喜とは、周囲との大きなあつれきがあればあるほど、余人では及びもつかないくらい、とてつもない高揚感となって現れてくるのだ。それが、観念的な、あるいは現実的な死へと直結するのが増村節である。

勝は、いつもの勝と少し趣が違い、ちょっと居心地が悪そうだった。増村演出とそりが合わないのか。もともと強いキャラクターの勝が、増村演出のデフォルメ過多のフィルターを通すことで、奇態な化学反応を起こしたのだろうか。登場人物皆が、わが道を行く人ばかりなので、勝の突進力が目立たないのだ。最後に自死のような死に方をせざるをえないのは、増村調の世界から、早く身を引きたいかのような妙な雰囲気があった。

ただ、勝の見せ場は、暴力部分で用意されており、それは本作のなかで出色の描写になっていた。狭いスナックのなか、平泉征らのヤクザと大立ち回りをするシーンで、その軽やかな身のこなし、相手を叩きのめす迫力、刑事にまで手を出すとめどない暴力衝動は、彼に封印されていた官能性を忘れてしまうほど、激しいものであった。

大谷の引き立て役に甘んじた太地喜和子は、なりふり構わない蓮っ葉女ぶりが天下一品だったが、こちらも妙に居心地の悪さを感じた。うらぶれたホステス風情が、あまりに様になり過ぎていた。ただ、加藤の妻で、妾(勝の実母)に困らされた荒木道子は、恐ろしいほど迫力があった。ゆすりに来た勝を、逆に脅迫するのだから、全く驚く。結局、プロの勝に叶うわけはないのだが、断固として、勝と渡り合う荒木は見事であった。

田村もまた、押し出しの強さが圧巻だった。言いたいことを言い、殺されかねない勝と堂々とわたり合う。荒木、田村ともに、まさに増村的な、何に対しても積極果敢な人物像として、見事なまでに映画の強い枝ぶりになっていた。

六〇年末から七〇年頃にかけての増村演出の凄まじさは、映画史の常識を揺り動かすと私は思っている。京マチ子や若尾文子といった大映の中心的な女優から離れて、関根恵子、渥美、大谷といった若手女優を起用していくなかで、溜め込んできた表現への爆発力が、自身の新境地へとつながっていったように見えたのである。

高校生ブルース

一九七〇年、大映

関根恵子(現・高橋恵子)のデビュー作である。タイトルのあと、関根恵子の名前が登場すると、〝新スター〟の文字が出る。大映は、ニューフェイスを〝新スター〟及び〝新スタア〟と明記する。『処女が見た』の安田道代、『夜の診察室』の松坂慶子も、同様だった。

関根は当時十五歳。セーラー服姿が、当たり前だがとてもよく似合う。しかも、夏のセーラー服である(スティールはなぜか夏ではない)。少しませた感じはあるが、まさに等身大の女子高生役と言っていい。篠田三郎や小野川公三郎のちょっとしたワルらに、真面目派の内田喜郎が、彼女の周りにいる。関根の恋人は、意外に手が早い内田だ。

関根の妊娠、内田による堕胎の強要、母の恋人らしき堀雄二(これは、意外なキャスティング)への思春期的な感情などがからみ合って、話は進んでいく。取り立てて特筆すべき筋立てではないが、関根恵子の魅力でもっていく作品であるから、それは差し引いていい。

女子高生のブルマー姿を、篠田らの視線でとらえるサービスカットのあと、内田が関根を見染め、ストーカーのように追い回すシーンが出てくる。関根が、叔父様と呼ぶ堀とテニスをしているところを、内田が覗き見するのだ。関根を性的対象のように見ていた内田だったが、とたんにニヤニヤしたりするから、少々気味が悪い。

その内田が、関根を体育館の部屋に連れ込むのである。隣では、男子がバスケットをやっている。それを眺める関根の後ろ姿のスカートから見える足元に興奮して、内田が思わず迫ろうとする。ここもまた、わかりやすい定番であろう。内田に限らず、男なら誰だって迫りたくなる。

　だが、さっと関根が内田のほうを向くので気勢を制せられるが、めげない内田は徐々に迫り、ついに胸を触っていいかと聞くところまでもっていく。危うし、関根恵子。だが、彼女は「ええ」と簡単に了承し、ブラジャーを意外にあっけなくとる。そのとき、小ぶりな胸が少し見え、すぐに見えなくなる。映画史上に名高い（わけがない）関根恵子の初乳房の瞬間である。

　二人は折り重なり、内田は胸を触る。関根の体の白さが際立つ。顔から首筋、腕の白さをカメラがとらえる。その白さこそが、官能の呼び水になる。ゾクゾクする。二人のからみではなく、関根の体そのものが官能的なのだ。そのあと、バスケットのボールが、ゴールに入るシーンが重ねられ、性行為を象徴させる。これも定番である。

　こういう場面の連なりがあった。関根が、堀と母が一緒に写っている写真を見つけ、二人はできているのではないかと疑う。時間が経って、妊娠

『高校生ブルース』 1970年製作 © KADOKAWA1970

監督・帯盛迪彦、脚本・伊藤昌洋、撮影・喜多崎晃、音楽・伊部晴美、出演・関根恵子、内田喜郎、篠田三郎、八並映子

でイライラしている関根は、蛇の交尾を見て気分を悪くする。そこに堀が現れ、関根の肩に手をあてようとするのだ。彼女は幼い頃、堀にキスされたことを思い出し、堀の顔を思わずはたいてしまう。母ばかりか、自分も堀と性的な接触をもったのではないかと疑い出すのだ。

この疑念と妊娠の不安が重なった彼女は、部屋に入るや、ミニのワンピースを脱ぎ、鏡の前でブラジャーとパンティー(当時のことだから大きめ。これがいいのだ)だけになる。カメラは、後ろから彼女の姿をとらえる。鏡には、関根のブラとパンティー姿が映り、彼女はブラをはずす。自分の裸をじっくり見て、体から何かを感じようというのだろうか。

ここで、体育館では一瞬で消えた彼女の乳房が、ばっちり見えるのである。感動的なシーンだ。乳房の露出もさることながら、裸に躊躇のない彼女の堂々とした態度(演技的な)が、感動を呼ぶのである。カメラが鏡に近づくと、鏡の彼女の上半身から下がっていき、よりくっきりと彼女の乳房をとらえる。

驚くのは、次のカットだ。関根は、何と鏡の自分にキスをするのである。その行為は、自身の裸を改めて確かめてみるといったような物語的な進行を超え、乳房を画面にさらした(鏡に映した)女優・関根恵子へのいつくしみのようにさえ見えたのだった。

うがった見方を、あえてする。鏡のなかの自身へのキスは、大映定番である主演女優の裸の吹替えシーンに意義を申し立てるかのように、偽者ではない自分の裸を披露するのだという高らかな宣言ではなかったか。大映の吹替えの伝統が、十五歳の関根恵子によって、木っ端微塵に粉砕された瞬間である。

この時期、すでに大映は末期であり、大映が営々と築き上げてきた官能映画の歴史が、終わりを告げようとしている。その末期に、官能描写〝転変の劇〟が、何とも静かに十五歳の少女の肉体によって演じられていることに、ただただ素直に感動せざるをえないのは当然である。

妊娠から堕胎（内田に腹を蹴ってくれと、自分から言い出すのだ）、性への憧れと嫌悪など、思春期独特の感情に満たされた関根がラスト近く、これを全身で表そうとする場面が、かなり過激な形となって出現する。一人部屋に入った彼女は、盗んできた硫酸を画布（幼い自分がいる）にかけ、金魚鉢にまで放り込むのである。

ここでは、乳房が透けて見えるネグリジェを着ている。大き目のパンティーのラインも、ネグリジェからうっすらと見える。裸より、官能的だとも言える。その彼女が、鏡に再度近づき、顔を寄せるのだ。乳房を堂々と披露させたさきの場面とは違って、ここでは苦渋に満ちた表情で、鏡の自分にキスではなく、頬を近づけていく。

これは、話の展開としては、恋人・内田との決別や叔父様・掘への複雑な思いなどを一回葬り去る上から、彼女にとっての通過儀礼の役割をもっていたのだろう。翌日、硫酸で怪我をした手に包帯を巻き、学校に向かう彼女には、生気がみなぎっていることからも、それは明らかだと思う。

ただ、この激烈な通過儀礼の劇こそ、大映の官能映画の歴史と末期が重なり合うなか、今までの官能描写の一歩も二歩も先へ進まんとする新スター・関根恵子の時代が到来したことを、高らかに告げることになったのである。

「これから始まるのよ。愛、喜び、悲しみ、痛み、私の青春」。このセリフが光り輝くように響いてくるのは、関根自身の女優人生に言い聞かせようとしたからに違いない。だが、大映は一年後の一九七一年、倒産してしまうのである。

しびれくらげ

一九七〇年、大映

『でんきくらげ』に続く渥美マリ主演作として、同年に公開された作品である。ただ全く意外なことに、『でんきくらげ』より、性描写自体の過激さは後退している。裸の露出はともかくとして、濃密なセックスシーンが減り、代わりにヤクザとの出会いのなかで、翌年の『遊び』につながるテーマが色濃く出ているのが目を引く。それは、ヤクザ組織とのあつれきのなか、袋小路に追い込まれていく男女がたどる愛の道行きである。

映画は、渥美のネグリジェ・ショーから始まる。ここで流れる山内正の音楽の悲痛な調べと言ったらない。これぞ大映調とでも言うように、女の哀れをギュッとつかんだかのような曲調は、主人公・マリの行く末を暗示するようでいて、それがある意味、力強い旋律にも感じる。ネグリジェ・ショーでは、増村お得意の高音の音響効果が抜群で、マリがベッドで体を動かすごとに、バシバシと大きな音がするのに驚かされる。

モデルの渥美を操っているのが、大手繊維会社宣伝担当の川津祐介だ。二人は結婚を約束している。マリの父が、飲んだくれで、ストリップ小屋の雑用係をしている玉川良一だ。母はいない。川津は、会社の取引を有利にするために、マリに外人の相手をさせたりしている。父・玉川もだらしない男で、マリは二人の男に振り回される日常なのである。それがついに、玉川の女遊びから、ヤクザを巻き込むいざこざにまで発展、マリだけではなく、川津までもが窮地に追い込まれていく。

マリが、外人と寝たあと、シャワーを浴びるシーンがある。お尻と胸をばっちり見せる観客のお目当てのシーンである。これが、川津が「日本人離れしている」と言うわりには、意外と日本人的なデリケートな肉体なのだ。尻はむっちりしているが、はちきれるような感じはない。胸も、形はいいが大ぶりではない。全体の均整はとてもとれているが、京マチ子に代表されるような重量感あふれる胸や尻の持ち主ではないのだ。この肉体は、マリの個性を表しているようにも見える。

場末のバーの女がぴったり合う、どこか打ち棄てられたような雰囲気をもつマリは、比較されもしたブリジット・バルドーのような女優ではない。もっと、地べたをはいずり回るような女の役がふさわしく、それがマリの柔らかそうで、それなりの弾力もありながら、どこか日陰の湿った場所で育ったような感じをもつシャワーでの切ないヌードに表れている。

玉川が引っかかるバーの女が、何と根岸明美だ。根岸の隣には、ヒモのヤクザ・草野大悟がいて、危ない雰囲気を漂わしている。この場の根岸には誰も手を出せない。間抜けの玉川だから、手が出せた。モデルのマリの写真(週刊誌の水着)を見た草野は、玉川に美人局を仕掛けるのだ。玉川だけではない、娘こそが金づるになる。根岸が、増村演出に身を任せ、全幅の信頼を寄せているかのようにはちきれて演じている。玉川を連れて旅館の部屋に入るや否や、根岸がガンガン迫るのだ。彼女のあまりの強引さに、ぎらつく玉川もほうほうの体となる。

根岸はグラマーで、男をそそる女という設定になっているのがうれしい。実際、とうはたっているが、いい体を披露してくれる。強面の草野も、写真のマリより、根岸のほうがいい女だと言う驚くべきセリフを吐く。その真偽のほどはともかく、翌年の『遊び』では、しがない屋台を引き、飲んだくれ女というひどい扱いを受け、ヤクザの平泉征からババア呼ばわりされていただけに、格段に上の本作の根岸の扱いがうれしくも、たった一年前のこの破格の役柄は、別の意味で異様極まる。

ところで、玉川相手に増村調の力んだ大声のセリフ回しで、玉川をたじたじとさせるマリだが、これがかなり無理して演じている感じがあり、痛々しさがつのるのだ。だが、その芝居っ気

『しびれくらげ』 1970年製作 © KADOKAWA1970

監督・増村保造、脚本・石松愛弘、撮影・小林節雄、音楽・山内正、出演・渥美マリ、田村亮、根岸明美、草野大悟

たっぷりのマリの演技が、少しズレたら喜劇になる手前のところで、ぎりぎりリアルを保っているのは、増村の演出に体ごとぶつかっているマリの痛々しくも愛らしい個性があってのことだろう。その境界線上にたたずむマリが、とてもいとおしくなるのだ。

いとおしいだけではない。荒い言葉を投げつけ、果ては玉川を蹴ったり、どついたりする激烈極まりないマリのケンカ越しの態度が、実は本作の魅力を何重にも大きくしているのである。マリと玉川の激烈な人間模様のインパクトがあまりに強くて、その合間に描かれる官能・エロが、希薄なイメージと化していくのを見逃してはいけない。マリの裸のエロが売りなのに、玉川とのケンカだけではなく、草野や根岸らの人間臭いというか、どうしようもないワルの迫力のほうが、異様に目立って仕方がない作品なのである。

これこそ、人間のエネルギーの爆発力を作品の核にしてきた増村の真骨頂だと言っていい。そのエネルギーの激しさの前には、エロさえ形なしとなってしまう。冒頭のネグリジェ・ショーのシーンがそうだったように、増村は音響に恐ろしいほどこだわる監督(他の作品でも同様)だが、玉川が物を食べるときの激しい音なども含め、その高い音質が人間の生命力そのものと化す。エロが、音にかき消されると言ったらいいか。

増村以前の作品から、マリは軟体動物シリーズに出演していた。確かに、彼女の肉体はヌメヌメしている感じが濃厚で、見事なキャッチフレーズだが、その肉体は山内正の曲調のままに、どこか物悲しいのだ。増村調の強いセリフ回しで武装しても、何度も言うが、物悲しく痛々しい感じがつきまとう。大声を出せば出すほど、それが強調される。だからと言うべきか。彼女のエロは封印されるのではなく、それは不思議と、倒錯めいた官能の色気をにじませるとも言えるのである。

恋人・川津の離反を知ったマリは、しだいにヤクザの田村亮との仲をつめていく。玉川のようなグータラ親父をもっていた田村の話を聞き、マリが惹かれていくのだ。このマリと田村の関係の発展形が、『遊び』の関根恵子と大門正明の二人になるというわけだ。ただ、ヤクザの尻尾がまだついている田村は、マリと川津を利用してふんだくった一千万円の小切手を持ち、組織に帰っていく。

本作と『遊び』は、男女の愛の行く末を描いて、相似形の関係をもつ。心中へと一気に突き抜ける『遊び』の境地に、本作はまだまだ到達していないが、マリと田村の別れのなかに、淀んだような不確かな愛の芽生えが見えている。このかすかな光が、『遊び』でとてつもないエネルギーとなって、爆発する。七〇年代のほんの短い時間に咲いた増村保造の革命的な作品の数々は、映画史上に燦然と輝くのである。

言い忘れていた。ヤクザを演じた俳優の面々である。玉川の美人局の場には勢ぞろいしていないが、別のところで一同が姿を現すシーンは、別の意味で本作の見どころだ。兄貴分・草野の下に、田村亮、平泉征、金子研三が居並んだのである。これは、大映ヤクザ集団の最強のメンバーではないか。みんな、見事に悪い面構えをしていて、とくに平泉の怖さと言ったらない。これで、勝新太郎あたりが、草野を牛耳って鎮座していたなら申し分がない。

しびれくらげ

遊び

一九七一年、大映

私が、もっとも愛する映画の一本にして、増村保造監督のダイニチ映配最後の作品である。ダイニチ映配とは、大映と日活が共同で作った配給会社(網)のことであるが、その活動期間はほんの一年余りであった。大映が、一九七一年に倒産してしまったからだが、その少ない公開作品のなかからは、まさに最後の仇花と言わんばかりに、傑作、怪作、珍作が出現した。その傑作の一本が、『遊び』である。

冒頭、中学生で夏のセーラー服を着た関根恵子が、モノクロのスナップ写真で登場する。渡辺岳夫のちょっとまがまがしくも、哀切感漂う音楽が鳴り響く。道端、バス亭、貧しい家屋、バスの中、下着姿の洗い場など、幼い風情の当時実年齢十六歳の関根恵子は、うつろな表情で写真に溶け込んでいる。

音楽と画調とのシンクロ具合が素晴らしく、どこからともなく大きな哀しみがわき起こってきて、ここは問答無用に泣かされてしまう。タイトル・ロールで泣かされる映画は、映画史上で果たして何本あるだろうか。十六歳の関根の顔と肉体が、何ともエロティックだ。

電気会社の女子工員・関根と、ヤクザの三下・大門正明が出会う。大門は関根をシノギにするつもりだ。だが、シノギのつもりが、彼女に惚れてしまう。兄貴たちは、逃げる大門と関根を追いかける。二人は、追いつめられていく。原作は野坂昭如の『心中弁天島』だが、何の変哲もない若い男女の話ながら、これが増村の手にかかると、理不尽かつ暴力的で、異様な作品に転じる。

冒頭近く、二人の出会いの場である公衆電話付近、そのあとに向かう喫茶店や映画館で、二人は、世界がまるで自分たちだけのもののように振る舞う。喫茶店では大きな声を出して会話し、客があまりにうるさいので、振り返るくらいだ。映画館では、何と大声で話す二人にスポットが当たる。二人の世界が発する過剰な熱量が、実は本作の大きな魅力であるとともに、異様さの根源なのだと言っていい。

熱量は、エネルギーでもある。関根の家庭と大門の母を描く場面では、そのギラギラした描写の熱量が、最大限に放射される。前者では、呑んだくれの関根の父・内田朝雄と、プラスティック製の花作りの内職をする母・杉山とく子がいさかいをし、そばにはカリエスに冒された関根の姉が寝ている。ここで、絵に描いたような陳腐な貧乏劇が展開されるのだ。

話だけなら、何ほどのこともない。ただそれが、ひとたび増村演出のフィルターを通していくと、貧乏劇が、人間のエネルギーがぶつかり合う異様極まりない場にとって代わる。飲酒運転の事故でふてくされる内田と、そのふがいなさを指摘する杉山との言い合いの過激さ。内田は思わず、カリエスの姉に向かって、「早いとこ、死んじまえ」と言って姉を泣かせる。

この姉の別の場面では、関根が姉の生理の血がついた衣服を洗うところが出てくる。なかなか落ちない汚れを見た母・杉山のセリフが恐ろしい、「(血には)お姉ちゃんの恨みがこもってんのさ」。飛び交うセリフが、非情なのではない。それを発する内田や杉山のメリハリがきき、何の躊躇もないスパッとした言いようと、ちょっと度はずれた迫真演技が、エネルギーと化すのである。

大門の母・根岸明美の屋台での酔態ぶりもまた、驚きの産物だろう。酔っ払った女将の根岸は、鍋からタコを引っ張り出して通行人に突き出すのだが、当然のごとく無視される。落としたタコを探し、「タコ、タコ」と叫びながら、見つけたタコを、もとのところに戻すしぐさのえげつなさには全く恐れ入る。呆れた大門が、根岸を突き飛ばすや、ひっくり返った根岸の前に、危なさそうなヤクザの蟹江敬三、平泉征らが、ニヤニヤしながらやって来るという寸法だ。

根岸の赤い「ズローズ」が丸見えになり、蟹江らがちょっかいを出す。嫌らしい言葉遣いが絶品の蟹江に対して、地べたにひっくり返っている根岸の言葉、「(私の体は)只だ、只だ、只だよ」(の嫌ったらしいセリフ回しの)のすごさといったら、ガツーンと頭をぶん殴られたぐらいの強烈さがある。

今連ねてきたそれらの場面は、関根と大門がつき合いを進めていくなか、過去のそれぞれのエピソードとして描かれる構成をもつ。この構成を形作る脚本が、映画のお手本のようで、何とも見事なのだ。余分なシーンが、全くない。

以上述べてきたような登場人物たちの様々な描写は、関根と大門の関係が放つ熱量を、引き立たせるためのお膳立ての役割を担うと言える。本作は、内田、杉山、根岸らの熱量＝エネルギーの集積体が、ついに二人の道行きのなかで爆発していく構造をもつ。エピソードの積み重ねが、そのためにも必要であることが、後半に進んでいくなかで認識できていく。

ゴーゴー喫茶で抱き合いながら、愛の言葉を交わす二人の会話が、全く素晴らしい。言葉の一つ一つが宝石のような輝きを見せ、一個一個、言葉の宝石箱に収めておきたいくらいだ。各々のセリフが、原作どおりかはさておき、この会話劇を二人ののっぴきならない世界として燃焼させていく増村の剛腕ぶりには全く呆れかえる。少し抜粋すれば、こんな感じだ。

大門が言う。「俺、お前が好きになったよ。素直だもんな」。関根も「あんただって、いい人。こんなに大事にされたの、生まれて初めて」。大門は続ける。「お前、柔らかい体してるな」「まるで小鳥みたいだ」「全く、お前、うぶだなあ」。

蛇足ながら、この場では、松坂慶子が、蓮っ葉な女の役でいきなり二人の前に登場して、増村作品への今後の主演を期待させるが、残念ながらその後、増村との出会いはなかったのである。

汚い旅館を抜け出した二人は、ちょっとゴージャスなホテルに逃げ込み、ここで〝初夜〟を迎える。風呂に一人入る関根が、穏やかな笑顔を浮かべる場面は、もの悲しい素顔をとらえた冒頭のスナップ写真と対照的に、幸福感がみなぎり、だからこそ切なく映る。

　シャワーを浴び、胸から体全体をきれいに洗う関根。大き過ぎず、小さくもない乳房が泡立つ。尻の肉付きに、少女のもつ幼さを超えた性への貪欲さが見える。これから、男と初めてセックスするだろう自分の体を、洗うことでしっかり確かめているがごときで、実に初々しく可愛い。

　ゴーゴー喫茶に続いて、二人がこのホテルで交わすセリフが、またまた素晴らしい。関根「好きなようにして」「あたしね、一人ぼっちだったの」に、大門も「ちくしょう、俺も一人ぼっちだ」。そのあとの関根のセリフ「お姉ちゃんの分まで抱いて」。ここで、「恨みをもった」お姉ちゃんが登場するのだ。もう、頭がかく乱されて、おかしくなるほどの衝撃がある。

　布団のなかで胸を露にした関根に、大門は思わず「きれいな体だなあ」とつぶやく。それに対する「あなただって、きれい」の関根の言葉が激しく胸を打つ。言葉自体は普通なのだが、交し合う言葉のなかに二人の思いやりが強

『遊び』 1971年製作 © KADOKAWA1971

監督・増村保造、脚本・今子正義、伊藤昌洋、撮影・小林節雄、音楽・渡辺岳夫、出演・関根恵子、大門正明、蟹江敬三、根岸明美

くうかがわれ、それがとても美しく感じる。言葉は、それまでの二人の度重なる触れ合いを通し、純度が増していくがごときであった。
　二人の触れ合い、密着感は、すでに映画館の場面から、その予兆が現れていた。彼女が絶えず、大門の体に寄り添い、触れようとしていたのである。ホテルの前に寄った旅館では、畳に座った大門の横で、体を触ったりしている。ホテルでも、同じようなしぐさを続ける。

　二人というより、関根が見せるこの密着感こそが、本作の大きな魅力の一つなのである。「一人ぼっち」と自分で言う関根は、一人ではない自分を確認するために、大門との密着感を絶えず強めるようにしていた。密着感、触れ合いと会話の美しさは、愛の燃焼の強烈さ、すなわち官能劇の巨大な熱量を示すものであったのだと思う。まさに奇跡の映画と言わざるをえない。

徳川セックス禁止令　色情大名

……一九七二年、東映

七〇年代の初頭は、映画の毒の花が、一段と咲き誇った時代である。なぜ、ここまで映画は暴走したのか。今考えると不思議な気もするが、とにかく、製作側も観客側も、その毒をしごく当たり前のように撒き散らし、受け取っていたとは言える。東映で言うなら、メインのヤクザ映画に、添え物として〝軟派系作品〟が上映されることが多かった。ヤクザで高揚し、エロで和らぐ(別の高揚感だ)。男たちにとっては、堪えられない絶妙な二本立てなのであった。

本作は、その時代の代表的な添え物の風格を備えた一本と言うべきか。まさに、今の時代では出現しようもない、とてつもない作品である。企画の名前に、天尾完次と出る。この毒々しい名前を、私は東映の小屋(東映の封切り館は、小屋という名称がぴったりだった)に入るたびに、幾度目にしたことだろう。この人の企画なら、まずエロであり、存分に大量の女の裸を見せてくれる保証書のような名前である。後年、社長となる岡田茂とともに、東映のなかで、独特のエロ感覚をもったプロデューサーであった。

冒頭、いきなり田中小実昌の将軍が登場する。これで、掴みはオーケーである。作家の田中は六〇年代末から、東映のエロ映画にひんぱんに出演しており、助平オヤジ役で定評があった。その田中が女好きのエロ将軍を演じている。ふざけているのである。

ただ、オープニングのスタッフ、俳優ロールが流れるや、荒木一郎によるエロ映画にふさわしいというのか、そぐわないというのか、耳触りのとてもいいテーマ曲が響いてきて、襟を正さざるをえなくなる。荒木の曲は、作品の隠微さと、それと全く異なるリリシズムをまぶしたかのようで、オーバーではなく、芸術品のような趣をかもす。

さて映画は、「地の果て」の九州の田舎大名・名和宏のもとに、数十人いる将軍の娘の一人、杉本美樹が嫁入りでやって来て、城内が慌てふためく話である。名和は女嫌いで、殿山泰司の家老が、杉本との床いれを何とか成功させようと汗を流している。

杉本と一度は体を重ねたものの、どうも満足がいかないので、名和は女不信になる。ここで商人の渡辺文雄が、サンドラ・ジュリアンの人形のような金髪女を彼にあてがう。名和は、のめりこむが(あの顔だから、女好きなのだ)、この破廉恥な行為に嫌気がさした杉本はごねにごねて、名和には不満が増してくる。

憤った名和は、庶民のセックスの現場を見て衝撃を受け、セックス禁止令を発令する。庶民は、こんないいことをしているのか。庶民ばかりか家来どもも慌てふためくなか、殿山のエロ息子・山城新伍が白馬童子のように登場、杉本のお付きの三原葉子を篭絡し、そのあえぐ三原の姿を見た杉本が、ようやく性に目覚めるのだ。これで名和との仲が戻っていき、禁止令は解かれ、めでたし、めでたしというわけである。

たわいない話というなかれ。実に奥深い性の映画である。国家が、庶民の性を制約、禁止することなど、できはしない。それは、性表現にまで及ぶ。セックス万歳。大名よ、庶民よ。性を謳歌せよ。堂々たるエロ娯楽映画のなかで、実にまっとうな主義主張を、何のてらいもインテリの臭みもなく、やってのけたのが、本作の得難い魅力である。

だから、どこをとっても、うれしいことにエロ全開なのである。だが、数々あるエロは、ある感動的な描写に行き着くまでの序章でしかなかった。もちろん、序章は序章なりのサービス精神に富んでいて、見応えは十分であった。

湯屋らしきところで、多くの男女が戯れ、家来の大泉滉が胸をはだけた女を愛撫しているシーン

『徳川セックス禁止令　色情大名』© 東映

監督・鈴木則文、脚本・掛札昌裕、鈴木則文、撮影・増田敏雄、音楽・荒木一郎、出演・杉本美樹、名和宏、サンドラ・ジュリアン、三原葉子

は、いかにも天尾スタイルの毒々しさがみなぎる。白い肌のサンドラが、全裸になって、名和を攻めるシーンでは、もう少しで彼女の尻の間から、陰部が見えそうになる。

サンドラの白い体に、名和がしゃぶりつくセックスシーンは、まるで卑猥な浮世絵のごとくで、ひょっとして、本作は海外向けのジャパニーズ・ポルノの狙いもあったのかもしれない、まさに、今ならクールジャパンではないか。サンドラと杉本のレズシーンでは、全裸の二人が外を駆け回る。サンドラは、歌(荒木の冒頭のテーマ曲を歌にしたもの)まで披露するが、あまりに下手で、当時でも大笑いだったろう。サービスし過ぎて、空回りしてしまうのである。

だが結局、すべてを三原葉子が、かっさらっていくのだ。実際、山城に手ほどきを受けた三原の開けっぴろげな悶え方と言ったらない。着物の股を開かれ、むき出しにされた乳房を吸われ、女の喜びらしきものを初めて知っていく三原は、淫らさを絵に描いたような無防備なありさまであった。もはや、このサービスカットだけでは、三原の暴走は止まらない。嫌がる池島ルリ子(深夜番組『11PM』のカバーガールとして、一世を風靡)に張り形を入れさせるシーンでは、フニャフニャの性の虜になっており、全くなりふり構わない。

　そのあと、山城がやって来て、池島から奪った張り形を三原に突き刺す場面が続く。三原の愛液で濡れた張り形を出し、山城が愛液を振り払うシーンは、いったい誰が考えたのか。それを杉本が隣で見ていて、「死ぬ、死ぬとはどうしたのじゃ」とか言っている。

　ついに、いたたまれなくなり、二人のセックスの場に現れた杉本に、恐縮した三原のとった行動が、本作のもっとも興奮もし、素晴らしい場面となった。後ろ向きになった三原が、裾をまくり、何と丸々とした見事な尻を、画面上にさらすのである。これほどえげつない尻が、映画で描かれたことがあっただろうか。

　全く不思議な場面で、三原の真ん前にいる山城の視線がまた、異様極まりない。その尻を見たげに(前にいるので、見られないのだ)、動揺して目を動かすのが、演出なのか、山城の単なる助平根性からだったのか。これは、虚実入り混じった(オーバーな)全く破天荒なシーンと相成った。

　三原は、新東宝の海女映画などから数えて、本作では十年以上の年月が経っている。豊満な肉体はそのままに、熟れに熟れた胸と尻を堂々と露にした女優魂こそ、本作のエロと毒々しさを幾層倍にもしたのである。

　三原葉子は、新東宝から東映へと至る過程で、日本の映画史におけるもっとも過激な肉体をさらけ出した女優だ。根幹に官能の神がいて、エロの神がいる。本著をまっとうに読んでいただいた方々は、そのことの深い意味を理解してくれることと思う。三原葉子=官能・エロ女優の存在が、本著を滔々と流れる大河のごときなのであった。


スタッフ・俳優紹介のところで「脚本」とあるのは、全作品を通して脚色も含めすべて「脚本」で統一しています。

あとがきに代えて——三原葉子、新東宝への追慕——

本著は、大映、新東宝の作品を比較的多くした。路線として、ポルノ映画的な道を歩まなかったこの二つの会社が送り出した多くの作品のなかに、官能描写をめぐる映画の曰く言い難い魅力が詰まっていると判断したからである。

大映はまたの機会にして、今回は新東宝について、少し振り返りたいと思う。その矢先、新東宝で活躍された三原葉子さんの訃報を知ったのである。今年の二月頃から、ネット上で彼女の逝去が話題になっていたので、その事実をある人物から確認し、毎週連載している日刊ゲンダイの『エンタメ最前線』(二〇一六年二月二十二日付)に、私は以下の追悼文を寄せた。少し長くなるが、丸々引用させてもらう。

「一九五〇年代から七〇年代にかけて、新東宝、東映などで活躍した女優の三原葉子さんが、二〇一三年に亡くなっていたことがわかった。消息不明とも言われていたが、最近ネットで死去の報が流れ、話題になっていた。

筆者は少し前に出版されたキネマ旬報の『オールタイム・ベスト映画遺産　日本映画男優・女優１００』で、五人の女優のなかの一人に選出したほど、三原さんのファンだった。官能女優として、類い稀な存在感を見せ続けた女優だったからである。

日本映画の表通りを歩いて、マスコミの注目を浴びたわけではない。演技力を競い合う映画賞とは全く無縁だった。映画からテレビに移り、個性派として花開いたわけでもなかった。

にもかかわらず、ある年代の人たちには、大女優たちと遜色ないほど影響を与えたに違いないと思える。彼女の出演作を、思いつくままに挙げてみよう。『肉体女優殺し　五人の犯罪者』『女体桟橋』『人喰海女』『九十九本目の生娘』『黄線地帯』『現代ポルノ伝　先天性淫婦』『徳川セックス禁止令　色情大名』。全く素晴らしいではないか。

残念ながら、同時代には間に合わず、七〇年代に入ってから、名画座で新東宝作品を多く観たクチだ。豊満な肉体を出し惜しみしない、その思い切りの良さに悩殺され、にじみ出る女の哀しみにもジーンときた。

三原葉子、万歳。彼女とスクリーンで相対することが、映画を観る楽しさ、興奮と同義語であり続けた時代が確実にあったとここに刻んで、ご冥福を祈りたい」

三原葉子が出演している作品は、本著では全部で五本取り上げた。若尾文子や京マチ子と遜色ない数である。その意味は、彼女こそ官能・エロ映画の女優として、日本映画界で特別な存在だったからに他ならない。彼女には、官能女優、肉体女優、セクシー女優、グラマー女優など、いろいろな呼び名をつけることができるが、やはり私には、エロ的な資質をもった女優という言い方が一番ふさわしいように思える。

肉体の魅力で、男の〝性欲〟を刺激するという古典的でシンプルな意味でのエロが似合う女優が、三原葉子なのである。隆起する胸、厚手の尻という強烈極まる肉体と、ときに媚びるような、誘うような、肉の芯からフワッと自然にわき上がってくる悩ましい表情こそ、彼女の真骨頂なのだと言っていい。

官能などはともかく、エロという言い方は、とかく誤解を受けやすい。性欲、性的な要素を表す言葉として、あまりにストレートだからだろう。ここで、亡き三原葉子の名誉のために言っておけば、かのマリリン・モンローも、男たちの性的な意識をストレートに受け止めたエロ的な資質満載の女優であったと補足しておこう。三原葉子が、日本のモンローなどといったケチな言い方を超え、彼女こそ、モンローと対等たりえた女優なのだった。

近年、〝エロカワ〟などといった言葉が使われるようになり、エロという語は、比較的好意的に受け取られるようになった気もする。だがエロは、その言葉が放つ毒々しくも、官能の猥雑な意味合いから遠く離れていったら、語としての役割は終わる。時代的な語意の変化とは関係なく、エロは官能の猥雑さの一部であり、官能はエロの猥雑さの一部であるとの認識において、私は三原葉子をエロ的な要素をふんだんにもった女優として愛し、評価する。

ただ引用したように、私は彼女の新東宝時代の作品を、同時代に観たのではない。ピンク映画や東映のポルノ、さらに日活ロマンポルノなどを大量に観続けたあとに、新東宝の作品と相まみえた世代だ。だから、五〇年代後半、六〇年代はじめの同時代、自身が若かりし頃に観ただろう一世代上の観客たちと比べると、エロ度への興奮の度合いは低かったようにも思う。

その世代と、十年ほど下った時代に観た私たちのような世代との違いは、その間に起こった日本の性表現のめざましい動きを考えないとわからない。だから、同時代に観た三原葉子とは、まさにセックスシンボルとして、永久不滅に、彼らの性の原体験として血肉化されただろうことを、ここでは想像するのみだ。その性の原体験を、遅ればせながら、私も追体験することになったというわけである。

さて、同時代には相まみえなかった私にとって、三原葉子体験、あるいは新東宝体験とは、どのような経緯をたどって、身についていったのか。まずは、次のような一つの記憶から始めたい。

一九七〇年代の半ば頃だったと思う。都内・池袋の文芸坐（現・新文芸坐）で、新東宝作品のオールナイト上映が、連続的に行われたことがあった。私は、明治大学の学生で、狂ったように映画漬けの日々を送っていた時期であった。その特集で上映された作品のタイトルがすごかった。『黒線地帯』『セクシー地帯』などの〝地帯シリーズ〟はじめ、『九十九本目の生娘』『憲兵とバラバラ死美人』など、おどろおどろしいタイトルがズラリ並んでいたのである。

私が東京に出てきた七〇年代はじめは、文芸坐では松竹ヌーヴェルバーグや日活ニューアクション、鈴木清順監督作品などのオールナイト上映が盛んで、学生中心に熱狂的な支持を得ていた。いっぱしの映画青年(今や死語)を気取っていた大学生の私もご多分にもれず、毎週土曜日は文芸坐に行くことが、ほぼ〝恒例行事〟になっていた。

学生たちは、大手映画会社が送り出した六〇年代から七〇年代はじめの反権力的な志向の強い作品や、野心的で毒々しい娯楽作品の数々をこよなく愛した。それは、学生運動退潮後のシラケムードが漂う七〇年代初頭という時代相が、とても大きかったのだと思う。

私を含む多くの学生たちが、学生運動に乗り遅れた意識が濃厚で、とてつもない鬱屈をかかえていた(と推測する)。その精神の空白状態を埋めるのが、破天荒でまがまがしいテイストをもつ映画群だったと言えよう。鬱屈のなかで行き場を失った反体制、反権力の荒々しい意志は、文芸坐の映画に向かうことで、とぐろをまいていたのである。

新東宝の作品群は、その延長線上で文芸坐に登場してきた印象がある。鬼才や名匠たちによる名のある芸術作品や、破天荒な娯楽作品に目を奪われていた学生たちは、初めて観る新東宝の作品に〝狂喜〟した。新東宝の作品が放つエログロテイストもまた、学生たちの反権力、反体制志向の文脈のなかで、比較的受け入れられやすい中身の一傾向であったと言っていい。

そこで、多くの新東宝の作品を観た（主に後期）。それまで心酔していた六〇年代、七〇年代の大手他社の作品群とは、まるで違っていた。とくにエロ的な要素を売りにした隠微なテイストが魅力で、話の展開の仕方や俳優の演技、描写の数々も、どことなくチープ感が漂っていた。初めて観るような女優たちばかりで、そこから無名性、匿名性のエロやエロスの香りが濃密に絞り出されていた。

一九四八年、東宝争議によって、同社を飛び出した俳優たちが新たに作った会社が新東宝である。当初、文芸作品などを多く製作していたが、興行主であった大藏貢氏が、会社に乗り込んできてから映画の作風が一変する。五〇年代の半ば頃のことだ。彼が社長になってから好んで製作したのが、いわゆるエログロ映画である。この経緯は、映画史ではすでによく知られている。では大藏氏は、製作者として。なぜエログロ映画〝路線〟を敷くようになったのか。

大藏氏は、活動の弁士として身を立て、そこから映画の興行畑に進み、さらに新東宝の経営を任せられた人である。戦後の映画界によくいた立志伝中の一人であるが、重要なのは、彼が弁士や興行者であったということだろう。

映画は、製作者、監督、脚本家はじめ多くのスタッフの手によって作られる。だが、映画は映画館がなければ上映されない。映画館の観客と一番接する機会が多いのは、映画館で働いている興行者だ。弁士は戦前の一時的な職業であったが、観客の反応がじかにわかるという意味では、興行者以上であったろう。

大藏氏が凡百の製作者と違うのは、映画館における観客の好みを戦前から戦後にかけて、体中で浴び続けてきたことだ。こうした経験から、彼が観客の好みや嗜好性に、とても敏感だったとしても何の不思議もない。映画を観ている観客は、どういうところで反応するのか。その反応部分が、彼の体に染み込んでいる。だから、映画を作る土台の根っこに、観客寄りの意識が度外れて強かったと考えることができる。

とともに、大藏氏のちょっと尋常ではない(と思われる)性意識も作用していたのではないか。「女優を妾にしたのではない。妾を女優にした」云々の女優をめぐるエピソードは、真偽のほどは定かではないとしても、大藏氏の性意識が、どこにあるのかを知る上で、かなり重要な発言だ。女優とは、彼の性意識を刺激する存在であるばかりか、商品としての映画の領域においても、自身の特異な性意識を反映させずにはおかない何物かであったような気がしてならないのだ。

大藏氏の性意識は、さきのような経歴から生まれた独特の嗅覚をもつ興行師的見地と分かち難いものであったと思う。性意識と興行嗅覚という両者の混ざり合いこそが、女優の官能・エロ的な資質を開花させる原動力になり、新東宝エログロ路線を牽引していったものではなかったか。この性意識はおそらく、彼固有のものではないだろう。彼ほど強烈ではないにしても、世間の男性一般の意識下に眠っている女優という存在への性的な関心と、かなりの部分、重なり合う面も強くあったように思うのである。

観客の好みや嗜好性とは、いい加減なものであると同時に、実にシビアなものであり、奥が深い。この微妙かつ複雑な感性の押し出し方は、映画興行を考える上で、とても重要である。当然そこには、性的要素への強い関心があった。
だから、限定的な性表現（商品）しかもてなかった当時の社会全般のなかで性意識のあり方を考えるとき、男たちのストレートな性的欲望の行き着く先の一つが、新東宝のエログロ映画に向かったとしても、何らおかしくはなかった。新東宝の作品群は、遅れてきた私たちのような世代にとっても、ある衝撃と性的関心を呼び起こす装いのなかで立ち現れていたのである。新東宝への追慕とは、このような文脈の上に立った、青春特有のほろ苦さと気恥ずかしさを強烈に染み込ませたものなのである。

さて、本著の企画は、実に何年間もかかえこみ、何度も軌道修正した結果、今回の出版にこぎつけた経緯をもつ。鹿砦社の松岡利康社長は、その都度、呆れ返り、だが何たる強靭な精神の持ち主だろう。ここまで我慢してくださった。あとがきで、出版の骨折りをしてくれた発行者らに、感謝の言葉を印すのは定番であるが、その言葉の意味が本当にわかる。感謝以外ないのである。

さらに、一部ＤＶＤやスティール掲載などで、多くの映画関係者の方々にお世話になった。お名前は記さないが、あなた方のご支援がなかったら、本著が出ることはなかった。本当に、ありがとうございました。

本文レイアウトや表紙デザインは、『仁義なき映画列伝』（鹿砦社・刊、初版、増補新版、復刻新版）に引き続き、西村吉彦氏にお願いした。「官能・エロ映画」という側面を実に鮮やかにデザインしていただき、西村さんにも感謝の言葉もない。元編集者で、映画への造詣が深い磯島治之氏には、成人映画の資料や様々な映画雑誌のコピーをいただいた。参考にさせてはもらったが、中身が成人映画＝ピンク映画から離れていく過程で、それらをほとんど反映できなかった。磯島さん、申し訳ない。

映画で女優を観ることの楽しさ、興奮は、何物にも代えがたい。とくに、青春期に観た膨大な数の映画のなかに、その思いが強くある。これは、私だけの思いではない。多くの男性がもっているはずであり、多くの女性からしても、それは男優を介在させて、同じことが言えるだろう。今回、特権的に、そのことをまさに私の嗜好性のなかで、記述してみる機会を得た。だが、その楽しさ、興奮は、まだまだ映画に向けて、出し尽くしていないと、今回改めて思わされた。映画と女優、あるいは映画と官能の結びつきが生み出す魅力は、全く尽きぬものらしい。

大高宏雄

二〇一六年春爛漫の季節にて

大高宏雄（おおたか・ひろお）
1954年、浜松市生まれ。明治大学文学部仏文科卒業後、(株)文化通信社に入社。同社特別編集委員、映画ジャーナリストとして、現在に至る。1992年から、独立系を中心とした邦画を賞揚する日プロ大賞（日本映画プロフェッショナル大賞）を発足。2016年で25回目を迎えた。

現在、キネマ旬報に「大高宏雄のファイト・シネクラブ」(2012年度キネマ旬報読者賞受賞)、毎日新聞に「チャートの裏側」、日刊ゲンダイに「エンタメ最前線」などを連載している。『興行価値—商品としての映画論』(鹿砦社)、『ミニシアター的!』(WAVE出版)、『日本映画への戦略』(希林館)、『仁義なき映画列伝』『同・増補新版』『同・復刻新版』(鹿砦社)、『映画業界最前線物語　君はこれでも映画をめざすのか』(愛育社)など著書多数。
ツイッター・アカウント @Hiroo_Otaka

写真協力：国際放映株式会社(新東宝作品)、株式会社KADOKAWA(大映作品)、日活株式会社、松竹株式会社、東宝株式会社、東映株式会社、株式会社彩プロ、株式会社新日本映画社

昭和の女優　官能・エロ映画の時代

2016年6月20日 初版第1刷発行

■編 著 者：大高宏雄
■発 行 人：松岡利康
■発 行 所：株式会社 鹿砦社（ろくさいしゃ）
○本社／関西編集室
兵庫県西宮市甲子園八番町2-1 ヨシダビル301号 〒663-8178
Tel.0798-49-5302　Fax.0798-49-5309
○東京編集室／営業部
東京都千代田区三崎町3-3-3 太陽ビル701号 〒101-0061
Tel.03-3238-7530　Fax.03-6231-5566
URL　http://www.rokusaisha.com/
E-mail　営業部◎sales@rokusaisha.com
編集部◎editorial@rokusaisha.com
■デザイン　西村吉彦
■印刷・製本　中央精版印刷株式会社
ISBN 978-4-8463-1115-5 C0074